10647925

Zu diesem Buch

Fontanes Ballade hat das Dorf Ribbeck, vierzig Kilometer vor Berlin gelegen, berühmt gemacht. Nach Öffnung der Mauer kommen Westberliner nach Ribbeck, um einen Birnbaum zu pflanzen und mit den Ribbeckern die neue deutsche Einheit zu feiern. Sie pflanzen den Baum wie eine Standarte in besetztes Gebiet neben das Schloß, das jetzt ein Pflegeheim ist, und sie fragen nicht nach der Vergangenheit. Auf dem Volksfest, wie es seit Jahrzehnten nicht mehr stattfand, mit Erbsensuppe, Freibier und Birnenschnaps aus dem Westen, verschafft sich ein Ribbecker Bauer Gehör. Zögernd zuerst und langsam erzählt er die Geschichte des Dorfes, das an der alten Heerstraße liegt, die Zeit des Dreißigjährigen Kriegs und die Feudalherrschaft, Nazidiktatur und Zweiter Weltkrieg, und die Etappen des Sozialismus bis zur Wende und dem katastrophalen Niedergang der Landwirtschaft heute. Er erzählt von den Herren im Dorf, dem letzten Ribbeck, der in das KZ Sachsenhausen kam, von der Roten Armee, den Parteibonzen und den Erben, die jetzt wieder das Dorf mit herrischen Schritten vermessen. Der «Festredner» wird zu einem südamerikanischen Geschichtenerzähler, der anerzählt gegen den Geschichts- und Gedächtnisverlust.

«Das kleine Buch ist ein Lehrstück, ohne lehrerhaft zu wirken, es ist eine Hommage an den Dichter Fontane und nicht zuletzt ein kritisches Fragen nach den Folgen der deutschen Vereinigung.» («Deutsches Allgemeines Sonntagsblatt»)´– «In ständigen Zeitsprüngen fließen die Erfahrungen verschiedener Generationen wie selbstverständlich ineinander, verdichten sich in Erinnerungsfragmenten und Anekdoten... Delius hat den kollektiven Erfahrungen und den widerstreitenden Gefühlen einer allzulange ‹schweigenden Mehrheit› auf seine Weise ein Denkmal gesetzt.» («Der Spiegel»)

Friedrich Christian Delius, geboren am 13. Februar 1943 in Rom, in Hessen aufgewachsen, promovierte 1970 mit der Arbeit «Der Held und sein Wetter». Er veröffentlichte 1966 die Dokumentarpolemik «Wir Unternehmer» und 1972 die satirische Festschrift «Unsere Siemens-Welt». Im Rowohlt Verlag und Rowohlt Taschenbuch Verlag liegen von ihm vor: die Lyrikbände «Kerbholz» (rororo Nr. 5073), «Japanische Rolltreppen» (1989) und «Selbstporträt mit Luftbrücke. Gedichte aus dreißig Jahren» (1993), die Romane «Ein Held der inneren Sicherheit» (rororo Nr. 5469), «Adenauerplatz» (rororo Nr. 5837), «Mogadischu Fensterplatz» (rororo Nr. 12679) und «Himmelfahrt eines Staatsfeindes» (1992) sowie das von ihm herausgegebene «Hand- und Wörterbuch Frankfurter Allgemeinplätze»: «Konservativ in 30 Tagen» (rororo Nr. 8895). – «Die Birnen von Ribbeck» liegen, gelesen von Uwe Friedrichsen, auch in der Reihe Literatur für Kopf-Hörer vor. F. C. Delius lebt in Berlin.

Friedrich Christian Delius

Die Birnen von Ribbeck

Erzählung

Rowohlt

Der Autor dankt Manfred Klawitter
und den anderen Ribbeckern

Veröffentlicht im Rowohlt Taschenbuch Verlag GmbH,
Reinbek bei Hamburg, März 1993
Copyright © 1991 by Rowohlt Verlag GmbH,
Reinbek bei Hamburg
Alle Rechte vorbehalten
Umschlaggestaltung Walter Hellmann
Gesamtherstellung Clausen & Bosse, Leck
Printed in Germany
790-ISBN 3 499 13251 6

Theodor Fontane
Herr von Ribbeck auf Ribbeck im Havelland

Herr von Ribbeck auf Ribbeck im Havelland,
Ein Birnbaum in seinem Garten stand,
Und kam die goldene Herbsteszeit
Und die Birnen leuchteten weit und breit,
Da stopfte, wenn's Mittag vom Turme scholl,
Der von Ribbeck sich beide Taschen voll,
Und kam in Pantinen ein Junge daher,
So rief er: «Junge, wiste 'ne Beer?»
Und kam ein Mädel, so rief er: «Lütt Dirn,
Kumm man röwer, ick hebb 'ne Birn.»

So ging es viel Jahre, bis lobesam
Der von Ribbeck auf Ribbeck zu sterben kam.
Er fühlte sein Ende. 's war Herbsteszeit,
Wieder lachten die Birnen weit und breit,
Da sagte von Ribbeck: «Ich scheide nun ab.
Legt mir eine Birne mit ins Grab.»
Und drei Tage drauf, aus dem Doppeldachhaus,
Trugen von Ribbeck sie hinaus,
Alle Bauern und Büdner mit Feiergesicht
Sangen «Jesus meine Zuversicht»,
Und die Kinder klagten, das Herze schwer:
«He is dod nu. Wer giwt uns nu 'ne Beer?»

So klagten die Kinder. Das war nicht recht,
Ach, sie kannten den alten Ribbeck schlecht,
Der *neue* freilich, der knausert und spart,
Hält Park und Birnbaum strenge verwahrt.
Aber der *alte*, vorahnend schon
Und voll Mißtrauen gegen den eigenen Sohn,
Der wußte genau, was damals er tat,
Als um eine Birn' ins Grab er bat,
Und im dritten Jahr, aus dem stillen Haus
Ein Birnbaumsprößling sproßt heraus.

Und die Jahre gehen wohl auf und ab,
Längst wölbt sich ein Birnbaum über dem Grab,
Und in der goldenen Herbsteszeit
Leuchtet's wieder weit und breit.
Und kommt ein Jung' übern Kirchhof her,
So flüstert's im Baume: «Wist 'ne Beer?»
Und kommt ein Mädel, so flüstert's: «Lütt Dirn,
Kumm man röwer, ick gew di 'ne Birn.»

So spendet Segen noch immer die Hand
Des von Ribbeck auf Ribbeck im Havelland.

*A*ls sie anrückten von Osten aus dem westlichen Berlin mit drei Omnibussen und rot und weiß und blau lackierten Autos, aus denen Musik hämmerte, lauter als die starken Motoren, und mit den breitachsigen, herrischen Fahrzeugen das Dorf besetzten, wie es seit den russischen Panzern, dem Luftwaffengebell und den Ribbeckschen Jagdfesten nicht mehr besetzt war, fünfzig oder sechzig glänzende, frisch gewaschene Autos auf den drei Straßen, und ausstiegen wie Millionäre mit Hallo und Fotoapparaten und Sonnenschirmen und zuerst die Kinder, dann uns nach und nach aus Stuben und Gärten lockten und Bier und Faßbrause, Birnenschnaps, Würstchen und Luftballons, Kugelschreiber und Erbsensuppe verschenkten und einen Tanz machten um einen jungen Birnbaum, den sie mitgebracht hatten und nach einer kurzen Rede, die der Bürgermeister wie gewohnt mit schafsäugigem Nicken begleitete, in den Vorgarten des Altenpflegeheims, das früher das Schloß war, einpflanzten und dabei mehr auf die Videokameras als auf den Baum schielten und sich selber Beifall klatschten und uns auf die Schultern hieben, als hätten sie ein großes Spiel gewonnen oder ihre Fahne in

7

erobertes Gebiet gesteckt, und lauter wurden, Bierbecher herumreichten und uns Birnengeist probieren ließen und schnell ihr sagten und du,

haben wir auf die Frage gewartet, was wir zu dem neuen Birnbaum zu sagen hätten, denn immerhin war das Dorf einmal berühmt wegen der Birnen, und ob der Platz seitlich vom Altersheim der richtige wäre, denn wenn schon Tradition, wie sie Fontane der Dichter aufgeschrieben hat, dann richtig, ein Birnbaum in seinem Garten stand, wer das Gedicht nicht flüssig hersagen konnte, bekam in der Schule, wo jetzt der Konsum ist, vom Lehrer für jedes Stokken und jedes falsche Wort mit dem Rohrstock eins auf die flache Hand, also auf der Gartenseite oder, längst wölbt sich ein Birnbaum über dem Grab, auf den schattigen Wiesen vor der Kirche, wo die Gräber seit langem geschleift sind,

aber sie fragten nicht, und ehe wir den Mut fanden zu reden, war der Stützpflock schon eingerammt, das Bäumchen angebunden, die Erde festgetreten, die Männer mit Baum und Spaten hundertmal fotografiert und die Gießkanne dreimal geleert, auch die hatten sie mitgebracht, sogar Zeitungsleute hatten sie mitgebracht, die dauernd fragten: Wie finden Sie das alles?, und wenn wir nicht gleich einen brauchbaren Satz ausstießen, fragten sie: Finden Sie das nicht toll?, so daß wir nur sagen konnten: Ja, und ihnen auswichen, weil sie unseren Zeitungsleuten so ähnlich waren, die niemals ein Nein hören wollten und nur Antworten, die sie schon kannten,

ich aber wollte ja sagen, auf andere Weise ja, denn ich konnte die Freude nicht fassen und hatte zu viele unbrauchbare Wörter im Kopf und feierte mit ihnen allen, das Bier und die neue Freiheit, zu feiern mit wem wir wollten und zu jeder Zeit, und die Einheit, die her muß, weil alles keinen Zweck hat, und wir feierten den Birnenschnaps und die kurzen Wege nach Berlin, denn noch Monate vorher war ihnen verboten, anzuhalten und das Dorf zu betreten, war uns verboten zu reden mit den Fremden, die eine fünffach bestempelte Genehmigung hatten und sich dem Pflegeheim, das früher das Schloß war, und der Kirche und den Ruinen der Ribbeckschen Ställe näherten,

und feierten, weil wir im Dorf seit Jahrzehnten kein Schützenfest, keine Kirmes, kein Sängerfest, keine großen Hochzeiten mehr gefeiert hatten, nur die Jägergruppe, die Kleintierzüchter unter sich und belauscht, kein Verein ohne Spitzel, wie soll man da feiern, die Disco alle paar Wochen und Kinderfest einmal im Jahr, und liefen herbei, weil es Würste und Suppe und Bier und Schnaps und Kaffee umsonst gab und weil die düsteren Verbote auf dem Müll gelandet waren und wir nun losgekettet für die Einheit und bestaunt wurden wie Eingeborene und weil alles drunter und drüber ging und ein neuer Baum dastand und weil wir uns gewöhnen mußten und gewöhnen wollten an etwas, das wir nicht kannten, denn alles brach zusammen hoch,

auf einmal war alles so einfach und es stimmte überhaupt nichts mehr, die Sprache kam wieder und mit der Sprache das Stottern, und ich wußte nicht, was mir alles durchs Hirn fegte, und atmete auf und wurde von Bier und Schnaps und Ballons, die vor den stumpfgrauen Hauswänden zappelten, auf ungewohnte Weise benebelt,

gelernt, den Blick zu senken, versuchte ich, den Gästen, die die Gastgeber waren, in die Augen zu sehen durch teure Doktorbrillen, schwankend und mißtrauisch und stolz unter Sonnenschirmen im März, bis ich mir nackt vorkam und arm und betrogen vor den schnellen Küssen und den Birnengeistflaschen mit leuchtenden Etiketten, und trotzdem erhoben und frei, und ermuntert von euch: kommt her und laßt den Kopf nicht hängen,

so fingen wir langsam zu reden an und wurden lauter und sangen und tranken, weil das Redeverbot und das Schreiverbot und hundert andere Verbote weggeweht waren und die Verbrecher endlich aus dem Amt gejagt und die Unfähigen und die Stasi und die Gauner, und ließen hochleben den Ribbeck und seinen Birnbaum und den Fontane, der das Dorf zum berühmtesten Dorf im Havelland gemacht hat und plötzlich wieder zum Anziehungspunkt erweckt für wildfremde Menschen, die Würstchen und Birnenschnaps und Kugelschreiber mitbringen, so spendet Segen noch immer

die Hand, die hundert Hände, als gäbe es nur den Birnbaum hier und als wären wir die Statisten zum Birnbaum, Bauern und Büdner mit Feiergesicht, und trauerten dem Ribbeck nach wie Knechte, wie Kinder, und als wolltet ihr nicht merken, daß wir längst nicht mehr Knechte sind, sowenig wie Herren, sondern bleiben wollten im Dorf und geblieben sind als Arbeiter und uns haben anschnauzen und drücken lassen und trotzdem das Land bewirtschaftet wie Bauern und hoch auf den Treckern morgens halb fünf durchs Havelland und die Äcker gepflügt, unsere Äcker und nicht die eines der Herren von Ribbeck auf Ribbeck, deren Erben den Namen Ribbeck schon wieder vor sich hertragen wie einen Freibrief und die Scheunen betreten und das Dorf vermessen mit herrischen Schritten, unter denen das Land bebt,

wie andere, die sich in Bügelfaltenhosen und hellen Mänteln breitbeinig vor die Häuser stellen, mit gierigem Blick und blitzendem Zollstock über den Putz fahren und mit Videokamera aufzeichnen und mitnehmen, was wir hergerichtet haben zwanzig Jahre lang, für ein Brett eine Stunde angestanden, jeder Wasserhahn ertauscht, die Rohre über Beziehungen, die jahrelange Rennerei um Dachziegel, jedes Wochenende gehämmert, gebessert, gestrichen, und Geld hineingesteckt, was nun gerissen taxiert wird von Anwälten oder denen, die Eigentümer sind oder waren oder sein wollen, drunter und drüber,

als seien die Flüchtlinge wir, die geblieben sind und gesät und den Mist gefahren haben und den Fortschritt der Risse in der Decke beobachtet und die Dächer sinken sehen und geträumt von den blauen Fliesen im Ribbeckschen Pferdestall, bis wir schläfrig wurden unter den faulenden Wänden, und wenn die einen nicht weggerannt und die andern in den Städten nicht aufgestanden wären, blieben wir heute noch lebenslänglich mit Nichtbeachtung bestraft von euch wie von unseren Leuten, und ohne Aussicht auf blaue Fliesen im Bad, und hätten die Schnauze gehalten bis auf die Bahre,

denn als die Fliesen im Pferdestall und die fehlenden Fliesen fürs Bad einmal Tagesordnungspunkt in der Versammlung wurden, schickte die Partei einen Mann mit Meißel und Hammer, die Fliesen aus dem Stall zu schlagen, die aller Kraft und allem Eisen widerstanden und darum überspachtelt, übermalt wurden mit Schlemmkreide, damit das Maul gestopft blieb und die Träume von blauen Fliesen für die Gäule des Gutsherrn Träume, als wüßten wir nicht, was alle wissen, daß auch der gnädigste Ribbeck kein Zauberer war, der Schlösser und Pferdeställe aus Kuhscheiße macht, sondern aus Bücklingen und Schweigen und gesenkten Blicken und Mützeziehn, bis alle aus der Hand ihm fraßen, und selbst den ergebensten Kutscher drückte und zähmte, wenn der nicht zentimetergenau auf der Auffahrt hielt, und ihn eine Strafrunde ums Schloß fahren ließ noch einmal zentimetergenau, damit die Damen im gewohnten Schritt ihr Gefieder und die Herren im gewohnten Schritt ihre Zylinder in die Kutsche heben konnten, eh es abging nach Nauen zum Zug nach Berlin, mit Peitschenknall ab ins heitere Holzgeschäft und ins preußische Gloria,

ein Götterfunken, ein schmutziger, vorbei, und vor Freude werden wieder die Türen geschlagen, die Türen der Omnibusse und Transporter mit Erbsensuppe und Bier und Matratzen für die Alten im Pflegeheim, weil ihr feiert, weil wir feiern, bis wir nicht wissen, wer ihr, wer wir, weil Mauern wie Kartenhäuser und alles zerbröselt, was du verflucht hast, wie im Märchen, und über dem Kopfsteinpflaster bricht eine andere Zeit auf, die im Galopp alles aufreißt und umwirft, das Vergangne wächst wieder hoch unterm Gras, endlich Leben in der Baracke, alles drunter und drüber wie schön, wie im Kopf voll Birnengeist, die Schlaglöcher endlich gestopft, die wogende Zeit des Geschäfts, und atemlose Politiker sprechen vom Schlußstrich unter alle kalten Kriege,

13

und ich schwanke mit dem neuen Geist im Kopf, denn das schwerfällige Wir, das jahrzehntealte Wir, aus den Kellergewölben ans Licht geholt, löst sich auf an den Rändern, und die Kiefermuskeln tun dem nicht mehr weh, der einmal laut ich sagt,

und wir oder du oder ich hätten erzählt oder nicht erzählt oder erst nach und nach erzählt, weil ich selber das lautere Sprechen verlernt oder mir abgewöhnt hatte, und auf der Straße nicht lachte, wenn Fenster angelehnt waren, und immer seltener in Kneipen trank, weil über jedem dritten Bier einer Ohren machte, und selbst bei Familienfeiern in der Stube, wenn mehr als fünf, sechs Leute am Tisch, schon die Wörter abtrieb, weil unter uns einer sitzen könnte, einige kannte ich, aber nicht alle, man wußte schon, was man zu sagen hatte,

aber neulich erst kam es heraus: wer und wer nicht die Berichte weitergab nach Nauen, Potsdam, Berlin, fünfzehn Spitzel auf fünfhundert Einwohner, für zweihundertfünfzig oder vierhundertfünfzig Mark extra gingen die verstockten Wörter, einmal aus unserm Kopf entlassen, vom Küchentisch, vom Biertisch, von der Versammlung, jeden Dienstag nach Nauen, Straße der Jugend, und dann weiter, eingefangen, getippt, zusammengeschnürt, ausgewertet, und nur durch die Berichte unserer unvorsichtigen Sätze nahm man höheren Ortes in Berlin Kenntnis von Ribbeck oder nicht einmal das, die Partei hätte ja auch mal an Birnbäume denken können, das Erbe, immer war vom Erbe die Rede und Fontane gebraucht als Namengeber für Reparaturbetriebe, Landwirtschaftliche Produktionsgenossenschaften und Ausflugsdampfer, aber es sollte wohl nicht erinnert werden an den begrabenen Adel, der vor der Partei regierte, weil die Partei Angst hatte, verglichen zu werden mit den früheren Herren, denn ganz so schlecht wars beim Ribbeck ja auch nicht, zu viel Arbeit, zu wenig Geld, aber versorgt wie ein Tagelöhner mit Zackzack und Danke und Bitte und Untertan,

trotzdem galt ein Ribbeck oder ein Gedanke an Ribbeck, der Birnen verteilt an die Kinder als wären es Goldstücke, für gefährlich wegen seiner Großzügigkeit, die vielleicht nur eine Legende ist, als scheute die Partei den Vergleich mit dem alten Ribbeck, dem die Birne aus dem Grab gewachsen kam vor über zweihundert Jahren oder wann, falls die Sage nicht erfunden ist, und wollte ihm deshalb kein Denkmal setzen in Form eines kräftigen Baums,

als wüßten wir oder ihr nicht aus dem Gedicht oder aus dem Leben, daß nach jedem milden Ribbeck ein strenger kam, der knausert und spart, auch wenn sie alle Hans Georg hießen und die gleiche Gewalt hatten als Polizist und Richter und Kirchenherr und Offizier und die Bauern, die für die Entlassung aus der Leibeigenschaft den Herren Land abtreten mußten, weiter knechteten mit Hand- und Spanndiensten und Pfenniglohn, und was da leuchtete, waren einzig die Birnen weit und breit,

oder als wüßten wir nichts vom Wechsel, wie die Jungen alt werden, die Guten ein Schrecken und Gauner zu Gebern, und die Jahre aufgehn und ab, und der Ribbeck zum Teufel wird, wenn Kinder einen Fuß ihm aufs Gelände stellten, Park und Birnbaum strenge verwahrt, und doch von Birnen nichts wissen wollte, der Husar mit seinem Pferdestolz und Reitbahn vorm Haus und Pferdezucht fürs Militär,

und wenn einmal Gänse oder Hühner auf eins seiner Felder liefen, die Gans kannst du ja nicht festhalten, die besten Felder ums Dorf natürlich seine Felder, dann sprang er aufs Pferd oder nahm das Gespann und hat nicht gefackelt, der Bandit, und die Tiere abgeknallt, und wir aßen wie die Herrschaften mitten in der Woche Hühnersuppe oder Gänsebraten mit Schrotkugeln,

auch das haben du oder ich mit dem leeren Schnapsglas in der Hand nicht sagen können, weil wir selbst schon nicht mehr wissen wollten, was für ein Schlachtfeld das Dorf war, wo Knochen geschunden und Greuel gut möbliert und jede Generation die Bisse·ins Fleisch gespürt und nur die Schärfe der Zähne die Abwechslung war alle paar Jahrzehnte, die Bisse des Herrn von Ribbeck ins Fleisch der Bräute, die Bisse des Herrn in die Nacken der Söhne, von denen einige seine Söhne waren, bis sie sich beugten von allein und gerne beugten am Ende, am Abend, und die Pfeifen ansteckten auf Bänken sitzend vor der Haustür, müde in der goldenen Herbsteszeit,

die Bänke habt ihr mitgebracht aus Berlin, komm, setz dich, das Fest geht noch lang, niemand wird müde heute, Hähne krähen, Vögel zwitschern im Frühling schon wie im Sommer, was für eine Wärme fällt über uns her, das Jahr wird noch lang, und abends schreien die Kühe, weil sie mehr Platz brauchen, keiner kauft uns das Vieh ab, zwischen welche Zeiten sind wir geraten, zwischen oben und unten auf euren Bänken, und alles so schnell, daß du gar nicht mehr mitdenken kannst, was macht der da hinten, ein Tonbandgerät, na gut, die Stasi ist weg und abgetaucht,

jetzt kommen sie alle nach Ribbeck, die Journalisten, und wechseln die Batterien und fragen und fallen zurück in das warme Entsetzen ihrer dörflichen Kindheit und suchen die milden Großväter in der Figur des alten Ribbeck, und lieben die Zeit, die es nie gegeben hat, die gute alte,

als ein Ribbeck berühmt werden konnte, weil er außer seinem Samen und dem Kontingent an Schlägen, Kartoffeln und Weizen aus reiner Freundlichkeit Birnen austeilte an Kinder, an seine Kinder, die nicht mit ihm das Tischgebet sprachen und keine Aussicht hatten auf ein weißes Federbett im Schloß und auf Erbschaft, ein Dorf mit Wald, Ziegelei, Brennerei, Sägewerk, Meierei, Jagdschloß unterm märkischen Himmel mit einem Gott, der in Potsdam die schönsten Treppen hatte, zur Erde hinabzusteigen,

und die Kinder mit Birnen abgespeist, begleitet vom Schnattern der Gänse, durch die Pfützen in weißer flatternder Flucht vor dem Messer, die langen gereckten Hälse, da hat einer viel Platz, das Messer anzusetzen, weil Federn gebraucht wurden und Braten, und die Jahre gingen auf und ab, mal blutiger, mal unblutiger, alle Gutsherren soldatisch geschult auf der Ritterakademie und oft jung gestorben, die Witwen übernahmen das Regiment in Ribbeck und kämpften darum, als gütig und christlich zu gelten,

und aus den hohen Türen des Schlosses traten die schöneren, die wenig geschlagenen, die nicht von Arbeit verunzierten Töchter und sahen zu, wie der Stahlhelm Bund der Frontsoldaten die Weltkriegshelden stramm feierte mit «Großer Gott wir loben dich», und immer die Gänse laut im Hintergrund, und Ribbeck auf Ribbeck im Havelland schwarz uniformiert vornweg zog die Linie vom Schlachtfeld Langemarck zum Schlachtfeld Ribbeck, und Bauern und Büdner des ganzen Dorfes ihm nach in den Stahlhelm und waren endlich Kameraden, und einen besseren fanden sie nicht, bis sie wieder hinauszogen in festem Uniformtuch und sich wieder den Kugeln aussetzten und fluchend fragten, wem die Kugel galt, bis sie nicht mehr fragen konnten, mir oder dir,

ein Ribbecksohn Gutsherr, ein Ribbecksohn Krieger, und oft beide in einem Herrn vereint und pünktlich einander abgelöst, als hätten sie einen Pakt mit dem ewigen Leben seit siebenhundertfünfzig Jahren, immer wieder auferstanden mit dem Vornamen Hans Georg, immer wieder der stolz gestreckte Arm weit übers Land, wie jetzt, wo sie uns leicht 700 Hektar wegnehmen könnten, die sie zu welchen Teilen unsern Vorfahren Morgen um Morgen abgezwungen haben über die Zeiten oder gekauft oder im Spiel gewonnen, verschleudert wird alles jetzt, und jeder kann uns übers Ohr,

ja, noch einen Birnengeist, Einigkeit, prost!, schön, daß ihr hier seid und das Dorf lebendig wie nie, fünfhundert, achthundert Leute, und trotzdem steigen die Toten auf und ziehen vorbei, denn die Rätsel des Dorfs bleiben die schreienden Toten, die Frau mit dem Kind eingemauert in der Kirchmauer lebendig, schon als Schüler starrte ich auf die krummen Buchstaben und versuchte zu lesen, ob die Frau wirklich, weil sie ehelos heimlich ein Kind geboren hatte, hinter den bleichen Stein gesperrt wurde, was früher war, schiebt der Landwind heran, siebt durch die Pappeln und Linden die alten Geschichten, und überall kannst du es flüstern hören, geflüstert die Schreie der brennenden Deserteure im Wald unterm verwitterten Holzkreuz auf dem Friedhof, und leise die Schreie der Frau, die sich aus dem Pflegeheim stürzte, weil vor den Zellen da oben kommandiert wurde, bis die Alten stumm oder verrückt wurden oder die Flucht suchten in den Armen der Engel von gestern, weshalb die oberen Fenster des Hauses, das früher das Schloß war, vergittert sind,

da hinten sitzt der Dachdecker, der vom Gerüst klatschte, als das Dach der Kirche gedeckt wurde, damit sie nicht völlig verfiel und ihr sie jetzt bestaunen und fotografieren könnt mit dem Birnbaum davor, den wir gepflanzt haben zwischen die vermoderten Wurzeln über den Knochen des Lesebuch-Ribbeck, falls ihr mal da hin schaut, da drüben,

aber niemand will wissen, was es schon gibt oder gab, als finge die Welt ganz von vorn an da, wo man Sonnenschirme einpflanzt und Appetit auf Birnengeist macht und Würstchen, als hättet ihr vergessen zu fragen, was vor der Gegenwart war und nach der Gegenwart kommt, denn das Glockenspiel von Treu und Redlichkeit hat nie gespielt unter den wechselnden Birnbäumen, hat nicht gespielt für die Mädchen, die sich in Nauen den Soldaten des Kaisers, des Führers, der Roten Armee anboten und für das Offenhalten

20

des Geschlechtsteils, anders als die Urgroßmütter unter Ribbeck, Geld einsteckten, und nicht gespielt für die Jungen, die den Greisen aus dem Politbüro die toten Hasen vor die Flinte legten und trotzdem nicht jubelten bei dem Gedanken an die Urgroßväter, die sich auf Befehl von uniformierten Greisen mit Hurra und dem Fluch aufs Hurra abschießen ließen, und so geht es drunter und

da kommen die Sonnenmenschen aus den Sonnenstudios und bringen mit dem neuen Birnbaum Bänke, Schirme, Kaffee und Bier von transportablen Theken und feiern mit den Ribbeckern den guten Ribbeck und spielen selber den guten Ribbeck mit Ballons und Kugelschreibern und Faßbrause, und die Alten und Behinderten im Heim, das sich Schloß Havelland nennt, kriegen neue Herde und Decken und dürfen endlich von Porzellangeschirr essen und das Plastegeschirr zum Schrott in den Keller, auf den Feldern sammeln die Frauen der russischen Soldaten Steine, wer hätte gedacht, daß die feindselige Zeit so friedlich sich auflöst, setz dich her,

nie wieder werden die Kinder so dankbar sein, endlich beschenkt ohne Fahnenappell und Stillsitzen und Angst vor den steifen Hoheiten an den Wänden der Klassenzimmer und Direktorenzimmer und vor den Lehrern, die in die Papierköpfe hineingekrochen waren, um unfehlbar zu sein und immer das letzte Wort zu haben gegen die Neunjährigen und

gegen alle, bis die papiernen hohen Heiligen plötzlich direkt in die Hölle fuhren und auferstanden als
Teufel, die angespuckt werden dürfen oder versteckt, um nicht angespuckt zu werden,

die Kinder, die jetzt ohne Visum den Zugang haben
zum Traumland vom ewigen Lächelglück, ohne
Sehnsucht nach einem unbekannten winkenden alten Herrn, der ihnen hin und wieder Birnen zusteckt
im Herbst, verkaufen für feste Markstücke Postkarten mit Gedicht und Zeichnung von Birnbaum und
Kirche, ein falsches Bild, so hat der Baum nie gestan-
den, aber das wird verkauft und gekauft, weil die
Besucher alle so gebildet und neugierig sind auf die
Birnen und das Birnengedicht, die Kinder werden
gegen Westgeld den neuen zeigen, den von euch ge-
pflanzten westlichen Birnbaum der Sorte «Gräfin
von Paris» und

lernen betteln vor denen, die mit einem zupacken-
den Blick alles zu Geld machen, was ihnen vors Auge
kommt, die alten Schränke, die Ziegelsteine mit der
Prägung Ribbeck, die Truhen, die Häuser, die Landschaft plötzlich ein einziger Golfplatz rund um Berlin, weg mit den Kartoffeln, weg mit dem Roggen,
die ganze Ernte in die Schweine, da haben wir Erfahrung, und dann weg mit den Schweinen, und dann

liegen über den alten Geschichten von Birnen die
neuen Geschichten vom Geben und Nehmen, und

sind schon von gestern, was hatten wir das eine Jahr Gurken im Überfluß, damit hätte einer die Kinder vom ganzen Kreis Nauen ernährt, aber die paßten nicht in den Plan, einige konnten wir lagern oder essen, und dann die Russen mit Stiefeln durch und sich die besten rausgesucht, und der Rest in die Mastanstalt, in ganz Thüringen unten keine Gurken, und wir fahren die Gurken in die Schweine und kriegen trotzdem gutes Geld dafür, egal wo die Gurken landen, und andere jammern und bieten eine Lichtmaschine für einen Sack Gurken, ein Auspuffrohr für einen Sack Gurken, halbe Autos gegen Gurken zu tauschen, und wir kippen die Gurken in die Schweine,

ein Prost auf die Verteilung, ein Rülpser auf die, die so viel verhunzt haben von unserer Arbeit, und auf den, der frisch von der Schule kam und vorgesetzt wurde als Brigadier und keine Ahnung, wie tief der Pflug in der Erde liegen muß, und ein Furz auf den Parteisekretär, der das Getreide naß zu ernten befahl, weil weit weg vom Feld die Sonne geschienen hat und er auf Rekord und Menge schaut, statt wie ein Bauer das Korn zwischen Daumen und Zeigefinger zu reiben und die Nässe zu fühlen,

nun ist es aus mit denen, und wir trinken auf sie, wie es aus ist mit den Inspektoren der Peitsche, aus und vorbei, Ribbeck und seine Verwalter haben dir nichts geschenkt, sein Inspektor, sein Buchhalter, sein Förster waren schlimmer als er, es gab mehr zu schuften und zu hungern und zu dienen, aber sie achteten, daß du von Landwirtschaft auch was verstandest und von Pferden und Viehzeug, und wenn die Kutscher am Samstag die Deichsel nicht aushakten von den Leiterwagen, ging Ribbeck und versteckte die Deichseln im Heu, daß die Kutscher blamiert die Deichseln suchten am Montagfrüh in der Dunkelheit und zu spät anspannten und zu spät kamen und dafür noch einmal bestraft,

so lang ist es nicht her, daß man leibeigen war, und wie frei vor fünfzig oder sechzig Jahren, morgens um fünf oder abends um sieben, auf den Leiterwagen oder zu Fuß zurück von den Feldern, Ribbeck stand auf dem Balkon, nahm die Parade ab, alle zogen die Mütze, und er zählte sie, fünfzig, sechzig Frauen und Männer, und er soll auch mal, wenn seine Laune paßte, den Hut gezogen haben vor denen, die eine Viertelstunde später vorbeigingen und länger gearbeitet hatten für ihn, der im Jahrbuch der Millionäre im Königreich Preußen vertreten war und die Landwirtschaft haßte, nur reiten wollte und reiten,

aber wer die Mütze nicht zog vor Ribbeck, hatte zu lachen nichts und wurde entlassen und nichts zu essen und Löcher in den Strümpfen und kein Futter fürs Schwein, bis Hitler kam und der Stahlhelm-Ribbeck die Kommunisten wieder einstellen mußte, weil Ribbeck nun selber den Hut ziehen sollte vor den Braunen und weil es keine Arbeitslosen geben durfte, und in seine Arbeiterhäuser stecken

mit offenem Schornstein und Lehmofen und gnädige Zuteilung Getreide und Kartoffeln und Stangenholz, Buschholz und Milch und 15 Pfennig die Stunde, jeden Tag Urlaub persönlich erbettelt, Herr von Ribbeck, ich hätte mal ne Bitte, und er wackelt nur mit der Peitsche oder kratzt mit dem Stock in der Erde, immer irgendeinen Prügel in der Hand, morgens knorrig, abends von geiziger Freundlichkeit,

wer krank lag oder das Ende fühlte, zu dem kam der kleine dicke Arzt aus Nauen, horchte ab und sah die feuchten Wände hinauf, bis die Männer vom Sturm Nauen ihn als Judensau beschimpften und ihm den Weg zu den Krankenbetten versperrten und wegprügelten, wohin weiß keiner,

die Gnade des Herrn sei mit euch allen, rief der Pastor jeden Sonntag am Ende des Gottesdienstes, und die Kinder verdammt, auf Kartoffeln zu schlafen, bis sie das Gedicht vom gütigen Ribbeck gelernt und Knecht und Soldat wurden und in den Kasernen mit Ribbeck prahlten und als niederer Dienstgrad hinauszogen, den alten Kinderfreund im Gedächtnis, den sie nirgends fanden, auch als ihr Gesicht im Schlamm lag, im Schnee, im heißen Sand, neunzehn Söhne von Ribbeck im Krieg, und die im Frieden geblieben sind, brauchten die Mütze nicht mehr zu ziehen, nahmen die paar Hektar Land, ob sie die Mütze gezogen hatten oder nicht, und mit nichts in den Fingern und ohne Maschinen das Vieh hochgepäppelt, das war nun die Freiheit, selber Kartoffelschalen gefressen und den Hunger geschmeckt, hochgearbeitet mit Sirup und Schmalzbroten als freier Bauer mit Abliefern und Vorschrift wieviel Zentner Schwein, und mußten bald wieder Bücklinge machen vor den Genossen mit Stempeln, vor den Weisungen aus dem fernen Berlin, als könnten wir nicht selbst die Kuh aus dem Sumpf ziehen, trotzdem wurde es leichter, wenn du vergessen konntest, eingeschlossen zu sein im eigenen Land, und dich gewöhnen, also nicht gewöhnen, an die immer neuen Befehle, die im Interesse aller sein sollten und doch von denen kamen, die kein Pferd anschirren konnten ohne getreten zu werden, und das Wort uns abschnitten, wenn es nicht stramm ausgerichtet war an den zugelassenen Wörtern der Front, der Nationalen,

und jetzt seid ihr da, und ich red euch die Hucke voll, bin noch nicht fertig, Verzeihung, man will ja nicht lästig fallen, ich quatsche nie so viel, habt ihr noch was vor heute abend, ihr wollt weiter und lauert, mir das Wort abzuschneiden, oder wartet höflich, bis ich müde werde und in die Knie geh, und denkt schon an die Rückfahrt in der gepolsterten Kutsche, wo ihr euch erholen könnt mit flauschigen oder schlagen-

den Akkorden von all diesen anstrengenden Wörtern, was denkt ihr, wie mich das anstrengt, deshalb

hör ich nicht auf, wenn ich jetzt nicht rede, red ich nie,
denn der Kopf steht uns kopf und alles so schnell, daß
du vergißt, wo dein Herz sitzt, weil es überall pocht,
und bald heißt es wieder, kümmer dich nur um dich
selbst und wie du deine Kröten zusammenkriegst fürs
Fressen, Miete, Benzin und gib auf, was du denkst,
was du anders haben willst, und das Wort wird dir
abgeschnitten auf die neue alte Art,

das willst du nicht noch mal erleben, was du dachtest,
war Unkraut, was du wußtest, verdächtig, und wie
ein Regen fielen ihre Attacken auf dich nieder, und
immer solltest du dankbar sein, daß du die Mütze
nicht mehr zu ziehen brauchtest, aber sie fesselten
dich mit der Dankbarkeit, bis du froh warst, am
Steuer des schweren Traktors zu sitzen, über die immer größeren Felder zu fahren und mit der Würde
der Herren auf das weite Land zu schauen, die bran-
denburgischen Äcker und die Ränder der Alleen,
und alles unterzupflügen, was an dir fraß, und unterzupflügen, was gewesen ist, und unterzupflügen,
was kommen sollte an Höchstertrag, Leistung, Plan,
bis du wieder heimfuhrst mit 200 PS pünktlich zum
Feierabend zu den Pfützen und Rissen und unter die
niedrigen Decken und wehrlos vor den Fernseh-
schirm sankst,

27

im Halbschlaf im Lärm der Maschinen stöhnen, von Gift und Gülle und Abgas über den Äckern erschöpft und von der Angst, spurlos zu verschwinden in einer zerfallenden Ordnung, zu versinken in deinem trotzig blühenden Stück Garten, zu versacken im ermüdeten Gehorsam, und beim eignen Begräbnis nicht von den Glocken der Kirche begleitet zu werden, kein Nachruf, kein Andenken, geschweige denn ein ehrendes,

das Leben, die Seele vermietet an wen eigentlich, verkauft an die, auf die du mal gesetzt hast, die alles besser machen wollten für den Arbeiter, für dich, über die du am Ende dich nicht mal mehr ärgern wolltest, weil sie alles ins Vergessen stopften, in die Säcke, in die Statistik, in die Spitzelakten, Staub zu Staub, und so das Dorf immer leerer machten, bis sogar das berühmteste Stück von Ribbeck vergessen sein sollte

und nur noch die Sage ging von dem Stumpf eines alten Birnbaums, der von einem Sturm gefällt wurde 1911, wenige Jahre, nachdem er verewigt war in Fontanes Ballade, und den der vorletzte Herr von Ribbeck mit einem Eisenring zusammenhalten ließ, damit er vorzeigbar wurde im Salon als Zigarrenaschenbecher und alle sich wärmen konnten an der alten Zeit, die eine gute war für sie, bis der letzte Ribbeck das Ding in die Ecke des großen Saals stellen ließ neben die Eichentruhen mit dem Silber, weil er vom Birnbaum nichts wissen wollte,

denn von einer Tradition, die nicht aus Blut ge-
stampft war, hielt der Rittmeister wenig, das Gerede
beim Tee um den Baum, der ganze Quatsch mit den
Birnen war lästig, Fontane ein Schwindler, hart und
kantig wollte Herr von Ribbeck auf Ribbeck sein und
konnte sich trotzdem leisten, nicht Heil Hitler zu ru-
fen und nicht den Arm zu heben, sich nicht gemein
zu machen mit den Nazis, weil er auf sie herabsah,

aber leitende Herren der IG Farben ins Schloß ließ,
die im abgesperrten Gelände an lautlosen chemischen Waffen herummurksten und Blendgranaten
ausprobierten, um die Luft in Richtung Berlin zu
vernebeln gegen die Bomber, bis den Chemikern die
Offiziere in den Stiefeln der Luftwaffe folgten, die
mit nationalen Komplimenten den Herrn von Ribbeck auf Ribbeck zum ersten Mal in der siebenhun-
dertjährigen Geschichte der Familie aus dem Schloß
warfen und ihm das kleinere Schloß nebenan in Ba-
gow empfahlen und das Gelände mit Baracken beleg-
ten, wo sie Funksprüche abhörten und den Anflug
der Bomber frühzeitig erfuhren, und der erniedrigte
Ribbeck im Haus des Inspektors, die Möbel auf dem
Kornboden, das Gesinde verstreut übers Dorf, die
Stellung hielt, und die Nazis, die ihm wie Russen
waren, alles eine Suppe, mit weißen Fahnen zum
Tag der Arbeit äffte, bis sie ihn trotz Stahlhelm und
Harzburger Front nach Sachsenhausen abschleppten
ins Lager, was hat man schon gewußt,

und die Sage vom Birnbaum lebte weiter im Restaurant zum Birnbaum, an der Fernstraße 5, die ihr gefahren seid früher von Berlin nach Hamburg an unsern Fenstern vorbei, ein paar Zeilen von Ribbeck auf Ribbeck im Kopf, mit schnellen Blicken nach links oder rechts, ist hier ein Schloß, ist hier ein Birnbaum, die Sage lebte weiter im Gastzimmer, geschlossen seit fünfzehn Jahren, und nun, da alle Türen sich öffnen und wir glücklicher sind, könnt ihr, wenn ihr höflich seid und nicht so besoffen wie jetzt, die Pinkelbude ist da hinten, bewundern und fotografieren den Baumstumpf als Blumenständer mit Eisen zusammengehauen,

den einer sich geholt hatte aus dem Schloß oder aus Kornboden, Stall oder Scheune, das nutzloseste Stück zwischen den Möbeln, die gestohlen oder verteilt wurden, nach den entfesselten Regeln des Nehmens im Krieg verstreut zwischen Luftwaffe und Roter Armee, zwischen Ribbecks und Leuten aus Ribbeck, die auch einmal zugreifen wollten im Schloß, zwischen Gefangenen und Flüchtlingen, und in den Holzstall gestellt als Holzklotz oder Pfand oder Brennmaterial, bis eine Gruppe von Männern, noch in der wilden Zeit, vom dünnen Bier ermutigt, nachts in den Holzstall vordrang und den Stumpf raubte, in die Birnbaumkneipe schleppte und mit Bier und Schnaps begoß bis morgens um sechs, seitdem wird das Stück bestaunt als Reliquie, umräuchert von Zigarettenschwaden, früher von Fernfahrern Hamburg–Berlin, Stammgäste freuten sich auf Büchsenleberwurst mit saurer Gurke, bis sie nicht mehr halten durften im Ort, kein Wort wechseln, und wenn sie trotzdem bremsten und parkten, weil sie Wasser brauchten für ihre Kühler oder so taten, als brauchten sie Wasser, und ein Wort möglich war, kam die Wirtin gleich zum Verhör ab nach Nauen: was habt ihr zu reden, ja man erzählt sich doch was, und bald hielt keiner mehr, die immer bunteren Wagen rollten mit 50 Stundenkilometern vorbei, wurden umgelenkt auf die Autobahn, das Dorf war abgeschnitten, ruhig, zu ruhig, und was fern lag, war nur noch über Antennen zu haben, betäubt wie alle Dörfer in der verordneten Trostlosigkeit, und der Stumpf oder die Erinnerung an den Stumpf zeigte den Ribbeckern die Fratze: es war einmal,

da steht er, schwarzes, versteinertes Holz, fünfzehn Jahre unbeachtet, bitte nicht drängeln, bitte nicht mitnehmen, wegkaufen, wegräubern, wie es eure Art zu sein scheint, seit ihr uns nicht mehr Brüder und Schwestern nennt und uns verbindlich und zuversichtlich umarmt mit Eigentumsrecht, Erbrecht, Vorkaufsrecht, ein ständiges Kommen und Gehen,

nein, ist nicht persönlich gemeint, ist ja schon recht, daß ihr hier seid, nichts gegen euch und den Birnengeist und das Bier, ist noch Bier da, ja, noch eins, eins noch, aber wie macht ihr das bloß, jahrzehntelang kümmert ihr euch nicht, zugegeben, die Schokolade, die aus dem Autofenster flog, als wir Kinder an der Straße standen, zugegeben, das Päckchen nach drüben,

aber wie macht ihr das, kaum geht die Grenze auf, da hupt es, und ihr steht mitten auf dem Hof, latscht durch unsere Gärten wie Besatzer und schafft es in wenigen Tagen, mit den mächtigen Markstücken uns die Ruhe zu nehmen und die Steine zu bewegen, das Gras anders wachsen zu lassen und im Boden unter unsern Füßen zu stochern, die alten Schränke uns abzuschwatzen und Zäune zu bauen und mit Geschenken zu winken,

immer wollten sie was, die Freunde, die Feinde, nach dem langen Krieg, dreihundert Jahre umfaßt das Gedächtnis nicht und doch weiß, wer an den Heerstraßen wohnt, wie die Schweden alles ruiniert und geplündert haben, wie das Luch das Fieber geschickt hat, die Franzosen geraubt und geschlagen, alle paar Jahre die Cholera, alle paar Jahre neue junge Soldaten erst ostwärts, dann westwärts, und wie die österreichische Radfahrschwadron sich in Ribbeck und den nächsten Dörfern erholen durfte vom erfolgreichen Polenfeldzug und die Zahnarztschwadron zum letzten Appell sich sammelte gegen die Russen, das Havelland ein Festplatz für alle Soldaten, Uniformen der Luftwaffe und der Roten Armee, der Verwundeten in den Baracken, polnische Soldaten, wer weiß, woher wohin, italienische im Gebüsch nach Ribbecker Schnecken suchend fürs Abendessen, und gnädig ist der, der nur deine Uhr nimmt, und im ganzen Durcheinander die Hamsterer aus Berlin einen Tag lang gelaufen zum Betteln, dazwischen polnische Zwangsarbeiter verhungert heimwärts und die Flüchtlinge in Gegenrichtung, nur die Zigeuner außerhalb des Dorfs festgehalten an der Zigeunertanne,

alle wollten sie was, und wenn einem Ribbecker mal was geschenkt wurde fürs Haus an der Straße, dann konntest du sicher sein: in ein paar Tagen kommt das Staatsoberhaupt durch, also schnell die Ziegel gerichtet, Balken gestrichen und Blumen gesetzt, und der in einer halben Minute durch, vorbei an frisch ausgehobenen Straßengräben und kurzgemähten Rasen, und hinterher knüppeln sie dich mit der Rechnung,

was für eine Rechnung habt ihr in der Tasche oder was für ein Weihnachten ist das, daß ihr uns beschenkt mit Essen und Trinken und Kugelschreibern und Gartenbüchern und einem Baum, der fünfhundert Mark kostet, schon ist das Bier alle, der Boden schwankt, schon rollt neues Bier an aus Berlinwest, das Begrüßungsbier, ich trink gern noch eins, mit euch, ein Prost auf den Baum und die Zukunft, aber könnt ihr mir erklären, warum ich für euer Bier im

Konsum, in Blech verpackt und schön Farbe auf dem Etikett, nun drei Mark zahlen soll statt sechzig Pfennig für das in der Flasche,

macht keine Witze mit uns, wir machen schon selber keine mehr, egal, bald ist mir alles egal, denn schlimmer kann es nicht kommen, und irgendwie werden wir schon, irgendwie werdet ihr uns, ich ergebe mich freiwillig allem was kommt, keine Kraft mehr, keine Lust auf welchen Anfang, die Muskeln gehorchen nur langsam, aber das Dorf hat niemals ein Fest gehabt wie heute, das steht, das steht fest, so wahr ich hier sitze, und alles umsonst, besten Dank, wer soll das bezahlen, das soll meine Sorge nicht, egal,

denn lieber besoffen mit euch als besoffen mit Leuten, die dich und deinen Suffkopf als Staatseigentum behandeln und kein falsches Wort und keinen Witz dir genehmigen, lieber so ein Fest hier, wo alles drängelt, krabbelt, knistert, als ein Betriebsfest, wo die Buchhalter für sich sitzen, die Traktoristen für sich, und die Schlosser und jeder für sich am Bier nuckelt, lieber besoffen mit euch als nüchtern mit Offizieren, die ihr Gebläff über die Wiesen schickten oder stumm in geheimer Mission an Abhörmaschinen, den Totenkopf vor dem Schädel, aber Angst vor quietschenden Sprungfedern in der schlafstillen Dorfnacht, niemand durfte sie stören mit ihren zweihundert Nachrichtenhelferinnen, denen es auch nicht gelang, die Bomber aufzuhalten, die nachts das Dorf überflogen und leichter zurückkamen aus Berlin, und nicht den Soldaten, die auf den großen Feldern am Wald aus Sperrholz und Pappe Gebäude und Häuser und Kirchen Berlins zusammennagelten, Funkturm und Reichstag verkleinert auf dem Acker, und wenn die Meldung kam: Einflug, alles städtisch sparsam nach Luftschutzregeln beleuchteten, Autos fahren ließen und Straßenbahngeräusche abspielten, weil die Kindsköpfe von Generälen dachten, sie könnten die fremden Piloten täuschen mit der Attrappe von Klein-Berlin im Havelland,

so weit und großflächig die Fluren um Ribbeck und doch ein offener mickriger Käfig um alles, daß du dir starke Flügel wünschtest, aufzusteigen wie die Kraniche, aufzustürzen in den Luftkorridor über dem Land mit dem weiten Himmel, im Frühjahr gelbe Decken voll Raps und das täuschende Getreidegrün, aber was aus dem Roggen gemacht wurde, das Brot schmeckte trotzdem wie Dreck, und wer in der Kantine mal was murmelte über den Schweinefraß und Pech hatte, daß ein Verräter mit am Tisch saß, wurde mit Strafen beschmissen, Aufenthalt und Reisen beschränkt auf den Kreis Nauen, Berlin und Potsdam und Neuruppin betreten verboten,

so wurde das Land ein Gefängnis, die Lastwagen vom Hamburger Hafen rasten mit 50 vorbei, keiner warf mehr Schokolade ab, so wurde die Nähe belauscht, das Fernsehen Verrat, Fußspuren auf der frisch geharkten Erde unter dem Wohnzimmerfenster waren der Beweis, wie sie ausspionierten, was der Bildschirm dir zeigte am Abend, so wurde die Weite mit Draht bestückt, der Himmel ein graues Pflaster, der Luftraum unerreichbar, und wer hat sie gezählt, die stillen Gebete an die Panam-Flugzeuge mit dem feinen, pfeifenden Lärm perfekter Maschinen immer tiefer im Anflug Berlin, bis sie den Augen entschwanden,

geradeaus am Ende der aufgeräumten Felder wuchsen die Müllberge hoch, täglich erhöht von den Lastern aus dem östlichen Westen Berlin, eure chemischen Schlämme vereinigten sich im nicht abgedichteten Boden mit unsern Giftresten und sickerten vereint ins Grundwasser, ins Havelwasser ab, da flohen sämtliche Ratten der Gegend, und stiegen auf als Dämpfe und Staubwolken, das leichtfliegende Schwermetall über den Köpfen der Möwen,

wer möchte da nicht wie Möwen und Krähen abheben aus dem gealterten, vergifteten Land, alle Mauern vergessen, die stabilen an den fernen Grenzen, die bröckelnden am Pferdestall, hinweg über die Felder, die Dörfer, noch einmal geboren werden, noch einmal von vorn anfangen oder im Schloß aufwachen, einmal im Leben, noch vor dem Kerker des Alters, im Schloß wohnen,

nicht wie damals, als Möbel, Kleider, Bilder rausge-
räumt waren in die Scheunen oder weg mit den Ar-
meelastwagen, die Bücher verheizt im bitteren Winter mit Koksgabeln rein in den Ofen, alles weg bis zur
letzten Gardinenstange, zwischen dicken Wänden
gehaust ohne Tische und Betten und Lampen und
Licht, die Fenster zugenagelt mit Brettern, einmal
im Leben im Schloß gewohnt und dann so, und du
wußtest nicht, ob du dankbar sein solltest, weil nicht
erschossen, nicht verbrannt und nicht gehenkt, nach
all den Streifschüssen hungernd und frierend in
einen verworrenen Frieden gestolpert,

den die hundert oder mehr Soldaten der Wehrmacht
nicht abwarten wollten und gegen die Generäle, die
auf Sterben oder Sieg setzten noch ganz am Ende, im
Wald da hinten sich verschanzten und verraten wurden, und die SS mit Lastwagen ran und eingekesselt
die Männer, Benzin drauf und alle verbrannt in den
letzten Tagen vor dem Frieden und kein Korn als
Versteck für die Flüchtenden auf den Feldern, und
wir mit Fuhrwerken und Mistwagen mußten, Kopf-
tuch um den Mund, nach Tagen die verkohlten Leichen mit Handschuhen und Schippen aufsammeln
und auf den Friedhof kippen die stinkenden Körper,
daß dir heute noch schlecht wird, wenn du das ver-
witterte Holzkreuz siehst mit dem rostigen Stahlhelm drauf, und keine Tafel erinnert, wie viele hier
liegen warum,

dagegen versprachen sie dir Frieden, Wärme, Brot, Möbel nach all der Quälerei, und du wolltest ein neues rotes Leben, nie mehr die ganze Familie in einem Zimmer, nie mehr Kartoffelschalen mit der Bürste abreiben und dann auf der Ofenplatte braten, Mehlsuppen und die magerste Milch, nie mehr barfuß im Sommer, zwischen den Zehen quetscht dir die Kuhscheiße durch, barfuß zur Schule nach Berge drei Kilometer hin, drei Kilometer zurück, und in Holzpantinen im Winter, Draht druntergenagelt gegen das Eis, da ging es aufwärts mit der Bodenreform, eine Kuh, ein Schwein, ein Feld und dann hochgearbeitet, bitter, langsam, aber hoch, und das Gefühl: du kannst Weizen und Bohnen und Mais hochziehn, das Vieh wird fetter und die Milch, wenn das Soll dir nicht ins Genick haut,

ein neues Leben vorwärts, aufwärts, brüderlich, was des Volkes Hände schaffen, und deine Hände kräftig dabei, Anpacken, Mitmachen, Aufbauen, und dreißig Jahre später

wachst du auf und hast deinen Namen noch und giltst auf allen entscheidenden Papieren der LPG als Vollbeschäftigte Einheit und berechenbare Arbeitskraft, immer gut für Höchstertrag, aber wenn du ans Fuhrwerk Flieder stecktest am verbotenen Feiertag, scheißt der mit dem Parteiabzeichen dich an: Flieder ab oder 50 Mark, und wenn du die Pferde anspanntest, mal rausfahrn mit dem Kremser am Vatertag,

stoppten dich gleich hinterm letzten Haus die Volks-
polizisten, rissen am Zaumzeug und wiesen dich zurück ohne Grund oder der Grund war: du sollst nicht
feiern, und wegen einmal Meckern am Brot nie mehr
nach Berlin, und bei jedem Schritt gedeckelt wie ein
Kind, eingesperrt ins Gehege wie das bessere Vieh,
im Land der Hosenscheißer selber Hosenscheißer,
niedergemacht und ausgeliefert den falschen Leuten, und noch mal erniedrigt, weil du nicht einmal
brüllen konntest gegen die,

und aus Quatsch, denn es tat sich ja nichts, aus Pro-
test gegen die Leere zwischen Hühnern und Spat-
zen, gegen das Verschwinden zwischen Plan und Ver-
dacht, gegen das Kriechen vor den Lügen, faßten wir
endlich selbst einen Plan heimlich beim Bier, einen
Birnbaum zu setzen an die alte Stelle neben der Kirche, seit mehr als zwanzig Jahren war der Platz frei,
wo der erste Baum stand, dessen Stumpf ihr besichti-
gen könnt, und der zweite, der vom Russen abge-
hackt wurde aus bösem Willen gegen Ribbeck, wie
manche sagen, aber denen war Ribbeck egal und die
Birnen, da hatten sie andres zu tun, sie haben ihre
Panzer und Autos rund um die Kirche gejagt und ge-
parkt, und da blieb kein dünner Baum verschont, ob
Birne, Lebensbaum, Linde,

also gruben wir den jungen Birnbaum aus, der an der
Grenze nach Berge hin am Feldrand wuchs, ein
Wildling, nicht gezüchtet oder veredelt in der Baum-

schule, und pflanzten den ein in der Nacht, heimlich, und kein Spitzel hat es gewußt oder keiner verraten, und einer von uns den Baum gepflegt abends
mit Wasser vor der Kirchmauer, denn es dauert, bis so
ein junger Baum sich allein wehren kann,

da steht er jetzt, Birnbaum Nummer drei, spendet
wenig Schatten und keine Birnen, nicht schön gewachsen, aber ein Birnbaum aus Ribbeck und nicht
vornehm wie Nummer vier, die wir jetzt begießen,
die «Gräfin von Paris», die bekanntlich nach Rüben
schmeckt,

so gibt es, auch wenn ihr das nicht hören wollt, längst
einen Birnbaum hier, nun sind es zwei, warum auch
nicht, dem alten Ribbeck wärs recht, oder sollten wir
anfangen, unsern Baum zu veredeln, unsern Wildling
als Unterlage für euer Edelreis, aber da müßte ein Ex-
perte anreisen und klären, ob die beiden Propfpartner
einander vertragen, müßte beiden Bäumen Wunden
zufügen mit Kopuliermesser und Kopulierhippe, und
bei der Stärke unseres Baumes müßte er die Kopulation mit Gegenzungen vornehmen, damit wegen der
größeren Festigkeit, der größeren Berührungsflächen
eine innigere Verwachsung erreicht wird, alles mit
selbstklebendem Veredelungsband umschließen,
mit Baumwachs verstreichen, und dann hätten wir
vielleicht eines Tages fette Birnen der Sorte «Gräfin
von Paris», an der alten Stelle, dann flüstert im Baume
wieder das alte Flüstern zu Mädchen und Jungen,

wir unten, ihr oben, aus den Rundungen der Birnen sprießende Träume, in jeder Kopulation ein Keim für die nächste Vereinigung, Veredelung, Vermehrung, bis keiner mehr weiß, wer wir ist, wer ihr, warum nicht zwei Bäume, viele Bäume, eine ganze Baumschule spezialisiert auf Birnen aller Sorten, die Brennerei neu eröffnet, Gaststätten rund um die Uhr und für jeden Geschmack bis zum Ribbecker Bauernfrühstück, Birnbaummuseum, Filzpantoffeln im Schloß, Erholungspark, ganz Ribbeck lebt von der Birne, Touristen kaufen Birnen zum Mitnahmepreis, Exportschlager Ribbecker Birnengeist mit und ohne Birne in der Flasche, Aschenbecher, Hemden, Schnapsgläser, Schallplatten, das unerschöpfliche Birnenmotiv überall, bis uns die Birnen zum Hals, aber wir leben davon, und Fernsehleute, Dichter, Werbemenschen veredeln uns Ribbeck, so spendet Segen noch immer Fontane,

im Hintergrund die Kirche mit renoviertem Dach malerisch für Fotografen, auf keiner Fotografie sieht man hinter den Mauern die zugemauerte Gruft der siebzehn mumifizierten Toten, in offenen, geschlossenen und durcheinander geworfenen Särgen, keine fünf Meter vom Birnbaum, aber unter der Gruft sind die Fundamente abgeklopft und tragen noch die ungeduldigen Steine, und es wird schon Geld gesammelt, den Trümmerhaufen da drinnen wegzuräumen, die morschen Balken und Treppen und Böden, die wackligen Fenster, die fallende Decke zu ersetzen, die Zeit stockt nicht mehr wie früher, als wir zusahen, wie Steine verrosteten und Eisen zu Sand wurde und Holz zu Staub, und auch deshalb ausgetreten sind aus der Kirche, weil sie uns betrogen und alles verkommen ließen vor unsern Augen, seit der Pastor, der zum Säubern und Bessern und Pflanzen und Harken kommandierte und zum Singen «Jesus, meine Zuversicht», den Westen vorzog, weil er den Mund aufmachte und auch bei der Predigt verständlich schimpfte auf Kommunisten, die ohne Gott und den Menschen die Ernte einfahren wollen und die Dörfer zerstören,

oder ging wegen Erbschaft nach Westen, wo die Dörfer, wenn es stimmt, was sie im Fernsehen zeigen, zerstört sind auf andere Weise, und wir blieben gottverlassen zwischen den Spitzeln auf den Holzbänken, was soll da noch die Kirche, wenn sich kein Pastor mehr kümmert, und alles verfiel und faulte und niemand mehr etwas tat für das, was uns fehlte, im immer dichter abgeschotteten Dorf,

und wenn ihr wüßtet, was für ein Fest das Fest heute ist nach der verordneten Misere und den letzten Betriebsfesten, auch wenn der Birnenschnaps alle ist, egal, ich glaub, du begreifst immer noch nicht, was es heißt für uns, hier sitzen auf dieser Holzbank ohne Lehne und nicht mehr stramm stehen innerlich und aufpassen müssen und kein falsches Wort sagen, jeder darf alles jetzt, egal, was ihr denkt, ob einer spricht oder zehn oder fünfzig Leute, ihr hört lauter Überlebende reden, vom Schweigen befreit, jeder übt noch, was zu sagen und die letzten Sorgen auseinanderzustoßen, da mußt du gar nicht so mitleidig gucken, eure Leute haben schließlich den Stacheldraht geliefert oder etwa nicht, na also, ein Bier noch, ein letztes, und dann erzähl ich, nein ich, na gut,

vom geheimen unterirdischen Gang zwischen Schloß und Kirche und den Leichen der Arbeiter, die den Gang gebaut haben und zwischen schwarzen verschlossenen Sarkophagen liegen, damit sie nichts verraten und damit die Herrschaften trockenen Fußes zur Predigt, zum Vaterunser, zum Segen gelangen und einen Fluchtweg haben für alle Fälle, der ihnen auch nichts genützt hat, als der Russe, als alle flohen in westliche Richtung,

nein, dieser unterirdische Gang ist nur ein altes Gerücht, das neue Gerüchte nachzog über die Ribbecks, die sich versteckten mit Vorräten in der Erde im Gang, bis sie gesucht und entdeckt weder mit weißen Fahnen noch mit später Ergebenheit vor den Siegern sich retten konnten,

und die einen sagen, der letzte Ribbeck sei am Birnbaum erschlagen worden vor den Augen seiner Köche, Diener, Kutscher, und die andern wissen mehr und murmeln was von Sachsenhausen, ein Nazi des

Dorfs habe ihn angezeigt wegen verbotenen Schweineschlachtens, was alle machten, ihn aber ins KZ brachte, so daß er danach als Sieger und Verfolgter des Naziregimes hätte auftreten können wegen des toten Schweins, wenn ihn die SS nicht erschlagen oder erschossen hätte, und selbst nach Alliiertem Recht hätten die Erben nicht enteignet werden dürfen, doch das eine Schwein habe die Familie am Ende auch nicht gerettet, so daß sie die 6000 Morgen Land, Wald, Schloß, Acker, Vieh und Brennerei und Ziegelei und Meierei hergeben mußte und mit Fahrrad und Möbelwagen fliehen,

nein, Ribbecks Untergang war ein amerikanischer viermotoriger Bomber, der 1944 abgeschossen oder mit Motorschaden im Weizenfeld niederging und brannte, das ganze Dorf lief hin, so viel steht fest, und Ribbeck sprach mit dem Piloten zu lange und wurde beobachtet von einer Frau, deren Mann bei der Gestapo diente, und Ribbeck lehnte es ab, sie zu bestechen, den Mund zu halten,

nein, andere haben gesehen, wie er wütend über die Dörfler und noch mehr über die Luftwaffensoldaten, die rund um den Bomber den Weizen platt traten, die Frau eines Nazioffiziers anherrschte und schlug, weil sie seinen Weizen nicht achtete, mit der Peitsche, so daß er befohlen wurde zu einer Versammlung der Offiziere in sein Schloß und, zum Hitlergruß gezwungen, indem der Bürgermeister ihm den Arm hochstemmte, die Entschuldigung verweigerte und deshalb verhört wurde in Nauen und alles noch nicht ernst nahm in Potsdam und selbst ein Sohn mit Majorsrang ihn nicht retten konnte vor Sachsenhausen, wie sie ihn dort erschlugen oder erschossen, weiß niemand,

während die Geschichte mit dem trotz Verbot geschlachteten Schwein in die Zeit der sowjetischen Besatzung gehört, 1947, als der geschäftsführende Ribbeck-Sohn, der, weil sein Vater von den Nazis ermordet war, wieder ein paar zurückgekaufte Hektar bewirtschaften durfte, noch ein Schwein schlachtete, als er schon wußte von der bevorstehenden Ausweisung der Gutsbesitzer, und verhaftet worden wäre, wenn er nicht rechtzeitig nachts mit dem Rad nach Berlin geflohen wäre, die Familie mit Möbelwagen hinterher, und im Westen später reichlich entschädigt mit Lastenausgleich für ihre Güter, Liegenschaften und guten Namen,

und jeder fragt, kommen sie wieder zurück mit den rotweißen Stäben der Landvermesser, mit Maurern, Zimmerleuten, Anstreichern, mit Papieren und Flinten und vollen Möbelwagen, Unfrieden wollen sie nicht, heißt es, achtzig Prozent der Neubauhäuser auf früherem Ribbeckschem Grund, Landwirtschaft mögen sie nicht, heißt es, fast 700 Hektar Acker und Wiese, aufgeteilt auf vierundvierzig landlose oder landarme Bauern und Umsiedler, heute fast siebzig

Prozent der LPG waren mal Ribbecks, sie wollen nichts wegnehmen, heißt es, bei der Vermarktung Ribbecker Produkte wollen sie helfen, heißt es, Wald und das Jagdrecht könnte dem einen oder andern noch schmecken, heißt es, aber das letzte Wort ist nicht gesprochen, denn hinter ihnen und hinter euch

stehen noch mehr Söhne von Großbauern und Waldbesitzern und werden vorstellig und warten darauf, daß einige hundert Morgen und Hektar wieder den Besitz wechseln, was soll man machen, und da im Bildschirm sitzen die, die über unsern Köpfen alles aufteilen, ohne uns zu fragen, den Markt, die Preise, die Gesundheit, die Rente, den Boden, alles neu auf einen Streich, und stehen eure Beamten, die eure Vorschriften mitbringen und unser Land nach den Regeln, die nicht für uns gemacht sind, durchkämmen und ordnen wie eine Kolonie, was soll denn mit uns,

bis wir noch kleiner, dümmer, verkauft aussehen, krank oder süchtig nach Pflege, aus der Bahn geschmissen und schwindlig, man kennt sich ja nicht aus, teilen sollen wir miteinander, teilen und herrschen, wir teilen, ihr herrscht, denn wir sind nicht auf der Höhe, heißt es, auf eurer Höhe, und sollen den Kopf nicht hängen lassen, ich geb mir ja Mühe, ich laß ihn nicht hängen, verdammt, was red ich, also her mit dem Zaster und mehr sag ich nicht, die Chance des neuen Geldes, hurra!, ja, nichts für ungut, nicht alle, die jetzt anrollen, wollen gleich zugreifen und eingreifen und mit Hundertmarkscheinen locken, einige suchen nur die Alleen und den schönen Schatten der Vergangenheit, den sie in der Stadt nicht finden, und verstehen vielleicht, daß der schöne Flecken hier aus Mangel an Reichtum schön geblieben ist, suchen die Kraniche im grauen Himmel über grauem Land, die Stille, die Misthaufen, die niedlichen Schweine, die Storchennester und streichen mit dem weiträumigen Blick der Städter übers Grün und fragen mit Fontanes «Wanderungen» in der Hand die Landstriche ab nach Schlössern und alten Gemäuern

und hören geduldig zu, wenn einer von den Schnittern erzählt, die sommers kamen schon zu Fontanes Zeiten, die Schnitter aus Schlesien und dann die Schnitter aus Polen, die Schnitter aus Ungarn schnitten im Gleichtakt mit Sensen den Hafer, den Roggen, die Gerste für Ribbeck, wohnten eng in Schnitterkasernen und wichen der Peitsche des Inspektors aus und kamen gern immer wieder nach Ribbeck zum Akkord auf die Äcker, manchmal nachts mit Laternen über den Rüben,

bis der Krieg die billigsten Schnitter aus Polen schickte und aus der Ukraine, Stacheldraht um die Schnitterhäuser und ein Posten davor, die Schnitter hatten ihren Feiertag, wenn sie die Eingeweide der Rehe und Hasen sich kochten, von den Gefangenen

47

lief keiner weg, die waren nicht dumm wie die andern, die aufgehängt wurden hinten am Wald und vorgeführt zur Abschreckung baumelnd im Havelland, bis die Russen mit Panzern das Dorf teilten, die Schloßseite Rote Armee, die andere Seite für die Ribbecker mit Schlagbaum dazwischen an der Reichsstraße, als sie zum letzten Mal Reichsstraße hieß, und Stalinbilder mitbrachten und Mähdrescher,

die Schnitter, woher gekommen oder woher befohlen, gehören zur Ribbeckschen Herrschaft wie die Frauen, die hochschwanger auf dem Acker nach Kartoffeln sich bückten, das Kind gebaren zwischen Kartoffelsäcken, in die Schürze wickelten, nach Hause trugen und am nächsten Morgen wieder zur Arbeit erschienen,

und einige der feineren Leute stellen die Frage, die wir schon vergessen hatten, die verbotene Frage, ob es uns, unsern Müttern und Vätern besser gegangen ist unter den Gutsherrn, und die verbotene Frage, was wäre, wenn die Junker geblieben wären, oder darf man Junker schon nicht mehr sagen, weil das ein Wort der Partei sein könnte, ob die Häuser dann festere Dächer, alles mehr Ordnung und ein schöneres Bild für uns und eure Fotoapparate und ob wir öfter mal hätten aufatmen können und weniger Ärger bei der Arbeit und danach, wer wäre lieber ein ergebener Landarbeiter bei der weltbekannten Firma Ribbeck mit einem Chef, der hin und wieder die Mütze zieht, wenn du vom Feld kommst, die Mütze ist auch so eine Legende wie die Birne, aber egal, bei dem jedenfalls das Getreide nicht verfault wäre unter freiem Himmel, aufgeschüttet vier Meter hoch, abgedeckt unter Planen mit Löchern und Rissen, keimend und faulend nach jedem Regenguß,

als Arbeiter unter den Herren, die behaupteten, keine zu sein, den verkalkten Arbeiterfürsten aus Berlin, die ihre Ideale verraten haben und dir in allem mißtrauten und nur an das glaubten, was sie selber fälschen ließen, Zahlen, Bilder, Leitartikel, und außer dem Dreck und dem Rost und der Angst nur den Haß hinterlassen, der dich befällt, wenn du auf den vergilbten Tapeten der Amtsstuben in zwei Meter Höhe das weiße Rechteck siehst, denn die Grausamkeit geht nicht nur in Stiefeln einher,

während der letzte Ribbeck Ziele und Ideale nicht zu verraten brauchte, einmal verhaftet 1934, weil er mehr für die Röhm-Nazis als für die Hitler-Nazis war, und trotzdem der Herr blieb und sich die respektvolle Abneigung der meisten Leute im Dorf leisten konnte, das Dienstmädchen die Treppe hinabstieß, wenn eine Kleinigkeit ihm nicht paßte, und auch mal schlanke Polinnen sich in die abgelegene Scheune schicken ließ und die Kinder lieber zum Distelnjäten als in die Schule und sonntags in der Kirche laut das Vaterunser mitsprach, so schlecht wars nicht bei ihm, geordnet wenigstens, aber arbeiten von Sonnenaufgang bis Untergang für Pfennige,

wär es uns besser gegangen trotz allem Ducken und Schlucken, was sind das für Fragen, was wäre, wenn Hitler den Krieg gewonnen, ihn nicht angefangen, die Gutsherren nicht Hitler das Reich, und so weiter kann doch nur fragen, wer mehr als ein Leben hat, und ich habe dies, seit dreißig, seit sechzig, seit hundert Jahren Ribbeck und Erinnerung Ribbeck, was zählt da ein Vielleicht gegen die plötzliche Erfahrung und die Schwindelgefühle: wie frei bist du, wenn du befreit bist,

denn was mich angeht, ich möcht nicht verzichten auf den winzigen Stolz nach der Bodenreform, wenn das Getreide gut stand, da hast du dich gefreut, was du geschafft hast mit Frau und Kindern, was hätte da werden können aus uns und aus Ribbeck, wenn sie das Soll nicht so hochgedrückt hätten, da mußt du ja der Krauter bleiben und ewig unzufrieden, kein Schlachtschein, wenn das Soll nicht erreicht war, was hast du die Waagen verflucht, und Vorschriften, die wollten auf Sand Zuckerrüben pflanzen, immer schlimmer, bis die Lust wieder weg war, einer hat auf den Tisch geschissen, Zettel dran: Das ist mein Soll, und ist ab nach Westen, und nicht nur der,

als es trotzdem besser lief und man leben konnte und
aufatmen, ging es wieder los mit der Prügelei, LPG,
Studenten rückten dir auf die Pelle, packten beim
Heu mit an, faßten die Gabel falsch und quatschten
dich abends voll, ich war bald dabei, aber bei andern
haben sie mit den Sollbescheiden getrickst und betrogen, in drei Wochen soundsoviel Doppelzentner
Futtergetreide, und wieder sind viele ab, und wer
abends unterschrieb, dem haben sie am nächsten
Morgen um sieben das Vieh aus dem Stall geholt,
Heu und Getreide, alles raus aus der Scheune,

was da schreit, sind nur die Kühe, jeden Abend
schreien die so, weil sie zu eng stehen im Stall mit
wenig Futter, weil sich der Reichtum des Landes
schlachtreif und erntereif staut, Kühlhäuser und Lager voll, weil kein Metzger dem Gebrüll ein Ende
macht, weil alles wartet auf das bessere Geld und den
Segen des besseren Geldes und die goldene Herbsteszeit, egal,

trotzdem war das so falsch nicht mit der Genossenschaft, nach drei Jahren so halbwegs über Wasser,
man traut sich ja kaum noch zu sagen, was gut war,
und wer jetzt schwarzweiß malt, hat keine Ahnung,
in den sechziger Jahren in der kleinen Ribbecker
Dorf-LPG, da war noch Verantwortung und jeder
fühlte sich dabei und da hat man was getan für die
andern und gut gewirtschaftet, hast deine Zeit gehabt abends und Urlaub,

erst mit der Trennung von Tier und Pflanze, mit der idiotischen Großraumwirtschaft und dem ganzen Größenwahn und den Bürohengsten war der Spaß wieder vorbei, da rutschte alles in Gleichgültigkeit ab, da war dir egal Verfall und Verschleiß und die immer größeren Pläne, da wurden Alleen abgehauen und Hecken rausgerissen, kein Schatten mehr in der Mittagspause unter Apfelbäumen, Gräben zugeschüttet, der Fußballplatz umgepflügt und der Viehhalteplan verdoppelt, verdreifacht, und die Sprüche: du hast deine Arbeit auszuführen, was solls, aber so war es doch,

befreit, jetzt wieder befreit, prost!, und vereint, prost!, lauft nicht weg, wir fangen doch grad erst an, oder stink ich euch zu sehr nach Stall oder red ich zu viel, aber ich bin doch nicht der einzige, der hier redet, wir alle befreit, aber nicht von der Arbeit befreit, die weitergeht, die sich nicht ändert für die Knochen der Bauern zwischen Staub und Schlamm, vielleicht etwas leichter, vielleicht etwas kürzer, denn das Land braucht zu fressen, oder geht es nicht besser dem, der vierzig, als dem, der sechzig, siebzig Stunden arbeitet, oder ist auch das ein Irrtum, ist auch das offen,

wie alles sich öffnet und wendet und kippt, wenn das Alte nichts gilt und nur das Neue zählt und nun unter der neuen Wirtschaft mit der Weisheit des Marktes noch mehr verdirbt als je in den Jahren der Wirtschaft des Plans, Lauch, Salat, Tomaten, alles weg und faul und untergepflügt, was das für Arbeit gekostet hat, säen und pflegen, bis daraus die Pflanze wurde, pflanzen, wässern, jäten, spritzen, ernten, und was in jedem Stück Gemüse für Arbeit drinsteckt, jetzt tonnenweise untergepflügt oder ab in die Schweine, ganze Ladungen Brot vor die Säue, den Blumenkohl auf dem Feld mit der Scheibenegge umgedreht,

nun laßt mich mal meckern, das muß man doch sagen dürfen, ich laß mir nicht mehr die Schnauze, vierzig Jahre lang hab ich die Schnauze gehalten und soll ich ausgerechnet jetzt dumm dastehn wie die Kühe und brüllen oder das Maul hängen lassen und wiederkäuen, was ich geschluckt hab all die Jahre und jetzt schlucke, was die geschniegelten Herren im Fernsehn vorkauen, die Weisheit zwischen Mark und Markt, soll ich nur abwarten und nicken, lieber sag ich doch, was mir nicht paßt, auch wenn ihr mich für bescheuert und undankbar haltet, ich bin der, der am meisten quatscht hier, geb ich ja zu, aber ihr könnt mir trotzdem zuhören, verdammt,

sogar euch haben wir mit unserm Gemüse beliefert, und nun ist unsern Leuten auf einmal nichts mehr kernig und farbig und saftig genug, und wir sehen zu, wie eure Produkte hier reibungslos einfließen, und da versteh ich nun gar nichts mehr, das haben sie im Fernsehn erklärt, daß wir für den Export jeder Ladung Gemüse an euch eine Genehmigung eures Ministers brauchen, weil die EG nicht zuläßt, daß preiswertere Produkte auf eurem übervollen Markt landen, und wir sehen zu wie die Blöden, wie staatliche Schutzbestimmungen für unsere Produkte abgeschafft werden, da komm ich nun gar nicht mehr mit, von Tag zu Tag mehr werden unsere Märkte und Regale geöffnet für die Produkte von drüben und bei uns alles Sense, erklär mir das mal, muß man denn, wenn man den Staat schlachtet, gleich die ganze Wirtschaft notschlachten,

ist ja schon gut, ist nicht persönlich gemeint, ihr sitzt nicht in Brüssel und Bonn, ihr sitzt in Berlin oder hier auf den Bänken, die ihr mitgebracht habt, und spendiert ein Fest, von dem man noch lange reden wird, und wir reden, und ich höre nicht auf zu reden, weil alles neu oder vielleicht doch nicht so neu, sondern nur anders, und wir saufen mit euch, und es ist immer noch Bier da und Plastikbecher, so viele Becher, ein Bier noch, na gut, das letzte, wer heute nicht feiert, ist ein Idiot, das sag ich euch, und schön, daß ihr hier seid,

und alles nur, weil eine Verwandte der Ribbecks, ein Fräulein von Witzleben, aus Anlaß der Feier, die Ribbecks, weil sie laut einer Urkunde fünfhundert Jahre auf Ribbeck saßen, im Jahr 1875 ausrichteten, die Sage aufgriff vom freundlichen Herrn, der Birnen verteilte und mit einer Birne sich begraben ließ, und in Reime setzte, die keiner mehr kennt, Zu Ribbeck

an der Kirche ein alter Birnbaum steht, der mit den
üpp'gen Zweigen der Kirche Dach umweht, und mit
diesen Versen die Legende schriftlich zubereitete,
die ein Lehrer in anderer Form als Sage aufschrieb,
die schließlich auch Herrn Theodor Fontane in der
Potsdamer Straße in Berlin bekannt wurde, der sich
den Stoff nicht entgehen ließ und,

obwohl er wußte, daß ein Birnenkern, tief mit dem
Sarg in die Erde versenkt, nicht die Kraft hat, ans
Licht zu kommen und ein Sprößling zu werden und
zwischen Gräsern und Keimen den Weg nach oben
zu finden als Baum, den Gänsekiel nahm im Jahr
1889 und die Sage ausschmückte in der Form, die
heute alle aus Lesebüchern kennen,

bis auf die Kinder des nun versinkenden Staates der
Arbeiter und Bauern, die laut Lehrplan und Lehrern
nichts hören sollten von freundlichen Feudalherren,
Ribbeck auf Ribbeck, das war die Steinzeit, auch
nicht die Kinder nebenan in der Oberschule von Ret-
zow, auch nicht, wenn sie aus Ribbeck kamen und
das Gedicht als Gerücht kannten und in der Klub-
Gaststätte und Disco «Theodor Fontane» in einer
Ecke an der Wand finden konnten, in schwer lesbarer
Schmuckschrift gemalt neben ein koloriertes Bild
von Kirche und Baum,

da war der alte Rittmeister Ribbeck, der die Schüler
lieber beim Distelstechen als beim Gedichtlernen

sah, ganz auf Parteilinie mit unserm Ministerium für Erziehung, Gehorsam, Ordnung, Pünktlichkeit, wenn die für 15 Uhr bestellte Kutsche zehn Sekunden zu spät vorfuhr, knallte wie ein Peitschenhieb der Befehl: Zurück in den Stall!, ausspannen, abschirren, und dann der Schrei übern Hof: In fünf Minuten bist du wieder hier, aber mit der andern Kutsche!,

was soll bei so viel Fahnenappell noch ein Birnengedicht, einmal im Jahr beim Schützenfest von Stahlhelm und Kriegerverein kommt Ribbeck und zielt, und wenn er gut getroffen hat, zeigt er seine beste Laune vor und wirft für einen Taler Bonbons in die Runde und freut sich, wie die Kinder drum balgen, was soll da ein Gedicht mit den Birnen, Geschenke gibts nicht umsonst,

alles erfunden, von Dichtern ausgedacht, und hat doch die starren Lehrpläne überlebt, die Wirkung der Dichtung bis heute der Trubel um Ribbeck, ein Auto nach dem andern, und immer Besuch aus dem Westen mit Fotoapparaten, Videofilmen und Tonbandkassetten, und Baum, Kirche, Pflegeheim, das früher das Schloß war, sind an jedem Wochenende umlagert, und alle fassen sich an den Kopf, wenn sie den Fahrstuhlschacht sehen, der ans Schloß geklatscht wurde, mit einem Fahrstuhl für die Krankenbetten, der nie funktioniert hat, weil der Strom nicht reichte, alle wollen sie was hören von Ribbeck und Birnen und uns, uns soll es recht sein, daß wir hier leben und nicht in Selbelang, Mangelshorst oder Wustrow, leben von einer schönen Erfindung, die wir nicht vergessen haben und die ihr nicht vergessen habt,

es lebe der Birnbaum, prost!, und ich weiß nicht, wo ich den Becher abstellen soll, genug Birnengeist und Bier in den Gliedern, alles schwankt in Bewegung und stockt in Bewegung, ich bin wo ich war, die Uhren halten an, weil sie die Zeit nicht mehr fassen, und im Kopf schieben die Tage zu schnell sich übereinander, kein Sitzplatz frei unter den Schirmen, kein Augenblick Ruhe, es schwankt

der Boden, den wir nie unter der Frage wem der gehört begutachtet haben, die Sache mit Eigentum und Besitz längst vergessen, sondern immer unter dem Diktat des Ertrags oder unter den vom Plan vorgeschriebenen Mengen an Kali, Stickstoff, Kalk, Phosphor, Größe und Menge zählten mehr als das Gleichgewicht und die Fruchtfolge, der vollgedüngte, der ausgelaugte, der steinige, der immer noch trächtige Boden,

über den ich die Maschinen jage, gehört dem Volk, mir und dir und uns, dachte ich, aber wer ist jetzt das Volk, das vereinigte, streitende Volk, geschäftstüchtig oder geschäftsängstlich, ist der letzte Ribbeck das Volk, die geflohenen Bauern, die Flüchtlinge aus dem Osten, die in Ribbeck ein Stück Land gefunden haben, gehört der Boden allen, die an der Genossenschaft beteiligt sind, oder denen, die bald meistbietend einsteigen in die muntere Prügelei um die Grundbücher, wem gehören denn nun die soundsoviel Hektar Geschiebelehm mittlerer Ertragskraft in ausgeräumter märkischer Landschaft, die Erosion gehört dem Volk und die sinkende Fruchtbarkeit des Bodens, der im Frühjahr trotzdem immer mehr Raps und im Sommer immer mehr Roggen und im Herbst immer mehr Kartoffeln wachsen läßt, Milchleistung erhöht um fünfzig Prozent in zehn Jahren, mit Schweinen, Schafen, Rindern satte Gewinne,

was hat man sich gefreut, wenn das Getreide gut stand, aber heute reicht es plötzlich nicht oder ist viel zuviel, zuviel oder zuwenig, kein Maß stimmt mehr, weil plötzlich alles zu wenig ist und alles wertlos sein soll und ihr nicht müde werdet, uns vorzurechnen, daß unsere Arbeit ein Luxus ist und daß ihr in allem besser und billiger seid, ihr Bessermacher, daß euch der Weizen kräftiger wächst und die Kartoffeln und die Rüben dicker, daß ihr die Schweine schneller in die Schlachthöfe treibt, aus den Eutern der Kühe mehr Milch zapft und eure Hennen mehr Eier werfen,

soll ich da mit dem Spruch kommen: die dümmsten Bauern ernten die dicksten Kartoffeln, soll ich da kommen mit dem Argument: Gift, soll ich da sagen:

unsre Tomaten schmecken besser, soll ich euch da eure Subventionen um die Ohren hauen, nein, da bin ich ganz still, denn jetzt wird nicht argumentiert, jetzt stehn wir mit dem Arsch an der Wand, und wenn ich was sage, dann wird mir vorgeworfen: auch noch Ansprüche stellen, was, also, vergiß es, bleib munter und teste den Westen,

während die kargen Böden und die Äcker, die wir halbwegs aus dem Sumpf gerissen haben, pflügen, eggen, drillen, walzen, zu Gold werden, wenn nur eure Blicke und Geldscheine drauf fallen, über Nacht alles ein Schürfgebiet, pflügen, eggen, drillen, walzen, und ihr prüft und grabt und nehmt, bis wir merken, was ihr da tut, und mitgraben, mitmachen, damit wir nicht selber mit Haut und Haaren verkauft werden, es muß alles anders werden, das sagt sich so einfach: keine Träne für die Vergangenheit, ja, aber sollen wir alle Tränen aufheben für später, immer seid ihr uns voraus mit eurem Riecher, mit eurem Geld, das alles unter Strom setzt,

nein, ist nicht persönlich gemeint, aber wie schafft ihr das, daß neben euch so schnell sich ein Schlund auftut und ich das Gefühl hab, paß auf, Mann, paß auf, daß nichts von dir da drin verschwindet im Schlund,

deshalb red ich wie ein Idiot, wird sowieso alles falsch verstanden, deshalb sag ich alles, was ich weiß und

was ich nicht weiß dazu, weil nichts gewiß ist außer,
daß alles weitergeht anders und ich ein andrer werde,
nur meine Stimme bleibt die gewohnte Stimme, vom
Bier geölt, kannst weghören von mir aus,

oder sind wir, außer als Kunden, schon überflüssig
nach euren Maßstäben, denn was zählt, bestimmt
ihr, und was wem gehört, wird von euren Experten
bestimmt, da blüht euer Birnbaum in unserm Dorf,
und wie gezählt wird, bestimmt ihr, wie viele Birnen
hier wachsen werden, und immer seid ihr einen Takt
schneller und einen Schritt voraus und eine Mark
teurer und einen Schlag heftiger und einen Stich
bunter, wir bleiben in der Verlustzone, in der wir uns
schon häuslich eingerichtet hatten,

das hatten wir schon: die Kinder klagten, das Herze
schwer, also soll ich dankbar sein wie die Kinder von
heute, die mit blassen Gesichtern, schmalen Lippen
und artig angewinkelten Armen das Wort Quelle auf
ein Zeichenblatt malen und dafür Bälle, T-shirts,
Werkzeug, Puppen vom Kaufhauswundermann geschenkt kriegen,

ihr, die westlichen Weltmeister, habt gewonnen gegen uns, die östlichen Weltmeister, der verlogene
Kampf ist entschieden, und was für ein Glück, daß
nicht wir gewonnen haben, das kannst du laut sagen,
nun sind wir vereint, verbrüdert, entfeindet, gut,
aber warum müßt ihr euch gleich so aufspielen,

wie weiter, sollen wir wieder anfangen als Dienstboten, Knechte, Tagelöhner wie vor siebzig oder hundert Jahren noch einmal, als die Welt in der Ordnung von Glanz und Gloria war und Ribbecks den Kursverlust von 30 000 Goldmark leicht wegstecken konnten, im Takt des Zackzack und allem, was hart macht bei fünfzehn Pfennig die Stunde, ich weiß, ich kriege mehr, wenn ich mich nach euern Golfbällen bücke,

Zuschauer bei der großen Prügelei um die Grundstücke, der Boden schwankt oder wird weich wie der Matsch auf den Rinderwegen, als rücke das Luch wieder näher, damals konntest du über die Wiesen endlos im Winter mit Schlittschuhen, alles trockengelegt heute rund um das ehemalige Fischerdorf Ribbeck, jetzt regt sich der Boden neben dem bezwungenen Sumpf, Bier und Birnengeist im Blut, in den Beinen, im Kopf,

das Fest geht zu Ende, die Kinder sind weg, schwer hängt die Dämmerung in den Pappeln, wo sind die Russen, was machen die jetzt, wie komm ich auf die, ich will nicht, daß ihr einpackt und euch an die Autotüren lehnt, gut, daß wir feiern, ich muß mich nur festhalten irgendwo, vertrieben vom Boden, gestoßen auf den Boden, ausgesetzt in einen unfaßlichen Zustand,

als die Rote Armee, hörst du noch zu, der ganze Wald voll Russen, das Dorf, die Häuser leergeräumt, die

Kühe und Schafe aus den Ställen nach Rußland getrieben, die Straßen voll Panzer, vor lauter Russen hast du gar nicht gemerkt, daß du befreit wurdest und sie uns retteten vor dem Schlimmsten, alles Panzer und Panzer und Uniformen, und befohlen zum Panzerputzen und schnell mal drei Kühe schlachten in zwei Stunden, und abends verraten die Ribbecker Jungens für ein paar Krümel russischen Tabak, in welchen Häusern noch Mädchen versteckt sind mit dunklen Augenhöhlen, da treten sie schon die Tür ein, da geben sie keine Ruhe als wären sie Wehrmacht in Rußland und nennen es Matratzen klopfen oder Kartoffeln schälen, sechs, sieben Mann über eine Frau, du kannst nichts machen, und es dauerte Wochen, bis sie anständig wurden und du dich beschweren durftest bei den Offizieren, das ging ins Vergessen alles und ist geblieben unter der Haut, jetzt gehts denen dreckiger als uns,

was wir feiern, das weiß ich, die Kerker sind offen und alle Möglichkeiten nach der Zeit des Hasses und des Schweigens, aber was ihr hier feiert mit uns, das weiß ich immer noch nicht, es war doch unser Triumph, und nun bestimmt ihr das Festprogramm, welchen Sieg feiert ihr da mit uns, den zurückgebliebenen Eingeborenen aus der Leninstraße, die große Augen kriegen vor glitzernden Münzen und Perlen, während die Markstücke, für die wir gebuckelt geschuftet haben, aus unsern Taschen rieseln wie nichts und übers Rüttelband ab in die Glut des

Schmelzofens im Leichtmetallwerk, weg mit dem Schrott,

alles ist offen, und wir haben nicht mal die Zeit, uns darüber zu freuen außer kurz vorm Einschlafen, Freiheit, kommt das noch vor in deinem Kopf, kapierst du das, ich immer noch nicht, heulen könnt ich, wenn ich euch seh hier alle,

es lebe das Birnenfest und alle Birnbäume rund um Ribbeck und das höchste Storchennest im Kreis Nauen auf dem Schornstein der Brennerei, es lebe eure «Gräfin von Paris», aber kannst du mir sagen, weshalb ihr ausgerechnet eine Birne ausgesucht habt, die warme Lagen braucht, erst im Dezember reif wird und fade und trocken schmeckt, wenn die Früchte wachsen im dritten Jahr,

nein, es macht nichts, daß ihr nicht kapiert, warum wir so schnell euren Birnengeist und das Bier wegsaufen, alles geschenkt und das ist das Schöne, wo sonst überall das Geld sich zwischen uns und unsere Gefühle stellt,

ja, Kopf hoch, ich geb mir ja Mühe, aber immer noch nicht kann ich fassen, daß ihr zu euerm vielen guten Geld noch das Glück habt, daß es sich vermehrt, wenn ihr zu uns kommt, und wir zu unserm wenigen schlechten Geld noch das Pech, daß es sich vermindert, wenn wir zu euch kommen, als hätten wir nicht geackert wie ihr und das Beste gemacht aus den Zuständen,

ein anderer Dreh der Geschichte, schon hätten eure Bauern vielleicht uns beneidet um die kleinen Genossenschaften der sechziger Jahre, als gut gewirtschaftet wurde gemeinsam und nicht so von oben, das hätte man so lassen sollen, erst danach kam das Stroh naß in die Scheune, naß in den Stall, und wer kümmerte sich, ob die Kuh trocken lag oder nicht,

das soll jetzt die Quittung, von heute auf morgen werden das Getreide und die Schweine, Kohlrabi, Möhren, Erdbeeren und alles vom starken Geld erschlagen, die ganzen Läden voll Fruchtsäfte, Bier, Schüsseln, Putzmittel, Fotoartikel, Besenstiele, ja, die soliden Besenstiele und alles zum Ostschrott erklärt neben der Westware, alles zum Schrottpreis, und Kohle, Wolle, Zinn und alles bis zum Müllsammelsystem und zur begrenzten Geschwindigkeit, alles Gewohnte, das nicht immer schlecht war, über Bord gekippt, nur

die Birnbäume bleiben, längst wölbt sich ein Birnbaum über dem Grab, und ein neuer wächst an, ein Birnbaum in seinem Garten stand, wir gehn auf sicher mit den zwei Bäumen, die letzte Chance fürs Dorf, und die Gaststätten zählen noch, aber auch die stehn nicht fest, unter den Fundamenten schwankt der Boden, und die einen sagen, es liegt am rechtlosen Zustand, wem gehört was, erst Besitz, dann Ordnung, dann Wohlstand, Baurecht und Raumordnungsrecht, und die andern sagen, es liegt an uns, und schlechter kann es nicht kommen, also fügen wir uns, also hören wir gut zu bei euren Ratschlägen und fühlen uns doch erstickt mit dem Kissen und lassen uns ersticken, weil wir ein schlechtes Gewissen haben, wir und nicht ihr, weil wir jahrelang alles hingenommen und abgenickt und uns nicht beteiligt haben an der Kerzenrevolution der bärtigen Pfarrer und der jungen Leute und nun zur Strafe noch einmal

von vorn anfangen dürfen, der Bauer zieht immer den kürzeren, zum fünften Mal in fünfzig Jahren alles anders, erst Knecht bei Ribbeck, dann Junkerland in Bauernhand angefangen als Kleinbauer, der Zwang LPG machte es leichter unter dem Namen «Vereinte Kraft», dann wieder alles anders mit dem Schwachsinn der Trennung von Vieh und Pflanze, auf Schicht in Kalorienfabriken, durch Gülle gestapft, stundenlange Anfahrten zum Feld und mußt den Acker betrügen, bis du die Arbeit haßt oder gleichgültig wirst, wenns gutgeht, und jetzt mit letzter Kraft

den Betrieb entlangsteuern am Abgrund Markt, alles verkleinern, überschaubar, effektiv machen und angetrieben von den alten Genossen, die Parteibuch und Abzeichen weggeworfen haben und jetzt die neue Unschuld spielen mit dem Zauberwort Effektivität und Markt und die gleichen schlauen Sprüche machen wie vorher und mich losschicken morgens um vier, damit ich unter den Pflug nehme, was übermorgen Gewinn verspricht, und wieder hin und her fahre über die Äcker, ein Teil der Maschine im Gleichmaß der Jahreszeiten,

der Bauer hat immer sein Feld bestellt, sogar 1945, aber jetzt werden das Feld, der Traktor und ich auf Null gesetzt, nach der Maisernte trennen wir uns, die Kündigung ist schon verkündet, ich frag schon nicht mehr warum, möcht einmal nur den Ackerschlag verlassen wie ich will und mit dem Pflug immer westwärts fahren geradeaus und die Furche aufreißen quer durch die Landschaft der ausgebeuteten Böden bis in eins eurer Dörfer,

die auch nicht alle zum Vorzeigen sind oder meisterlich effektiv im Wirtschaften mit den paar gebliebenen, gepäppelten, rund um die Uhr schaffenden Bauern in Dörfern, wo keine Busse mehr fahren, Geschäfte, Schulen und Kindergärten abgeschafft sind und Wirtshäuser verfallen und Fachwerk auch verrottet und der Name des Dorfs sogar verschwindet und die Bauern aussterben, mit Sensen und Deutz-Traktoren die Landschaft pflegen und uns die große Pleite wünschen, bei allem was besser ist, Maschinen, Häuser, Sportplätze, Blumen, noch einmal von vorn anfangen, aber wie, wenn du die Fliegen über den Gurkenbergen siehst, größere Berge als früher in der Planwirtschaft, da wurdest du für die weggeschmissenen Gurken bezahlt, jetzt bei Verteilung und Markt wird die ganze gute Ernte Dreck, alles zu Dreck gemacht, alles Dreck und eingesargt wie der alte Ribbeck mit seiner Birne,

mußt mir ja nicht zuhörn, wenn du das nur für Gejammer hältst, ein Bauer, der nicht stöhnt, ist ein schlechter Bauer,

jetzt führt das Geld uns zusammen, prost!, ich fühl mich erhoben vom festeren Geld und geb mir Mühe, nicht aufzurechnen die frische Bohne von Tchibo gegen das, was ich in der Glotze seh, Arbeitslosigkeit der Schulabgänger, das Vertriebsnetz von VW gegen das der Drogenbosse, Bananen gegen Diebstähle, Pralinen gegen Verpackungsmüll, ich kann das alles ja gar nicht mit ansehn, was sie da zeigen, die Colabüchse gegen die Störche, nicht aufrechnen die Gartenbücher gegen das stille Fasten der Rentner, die Rechnungen stimmen alle nicht, nur das Trinkgeld stimmt,

nein, ich rechne nicht auf, ich werd auch nicht verrückt und nachträglich zum Anhänger der Partei, die mich gedeckelt hat, ach wie schön wars unterm Sozialismus gewesen, das Lied soll mir keiner und Trauer darüber ist lächerlich, du mußtest Genosse sein, sonst hattest du nichts zu sagen, und wenn du Genosse warst, mußtest du erst recht die Schnauze halten, erlöst wollte ich sein von verlogener Politik und jetzt bis zum Hals mitten im ehrlichen Markt, anpassen, umstellen, vorwärts, es kann nur besser,

wie im Heim mit den alten, gestörten Leuten, denen ihr richtige Matratzen, Rollstühle und Teller mitgebracht habt mit dem Zauberwort Partnerschaft, und schon sind Tiefkühltruhe, Waschmaschine, Medikamente da, das ist doch was neben dem Birnbaum und nicht nur da,

und wenn wir auf der Fernstraße 5 so viele Tote und Krüppel produzieren wie ihr, werden wir trotzdem nicht klagen, denn Abwarten hilft nicht mehr und Stehnbleiben auch nicht, hilft alles nichts, so klagten die Kinder, das war nicht recht, ach, freu dich, wir sind endlich kein Staatseigentum mehr, sind mitten im frischen Fortschritt schon wieder abgehängt, als wäre das Leben ein

Rennen, und haben den Startschuß nicht gehört, der irgendwo im Fernsehen gegeben wurde, und wollen dazugehören und nie mehr überholt werden und jagen mit dem gebrauchten Westwagen dem Marlboro-Cowboy hinterher, der an allen Grenzen und Blickpunkten der erste ist, wo früher die stumpfroten Losungen blätterten, und wenn du schimpfst auf Windhunde, Goldgräber, Spekulanten, bist du schon

68

draußen als Nörgler und einer, der nichts begreift, von allen Seiten hörst du, daß du schneller werden mußt, damit du nicht plattgewalzt wirst, vielleicht muß es ja noch schneller gehn, damit der Schrecken ein Ende findet, aber du kommst nicht voran, weil du von lauter Siegern umringt bist, die geherzt, geküßt, belohnt werden wollen

für ihre kostenlosen Ratschläge: nehmt euch ein Beispiel, wie man früher aus dem Birnbaum Geld gemacht hat, aus dem Holz des gestürzten Baums während des ersten Weltkriegs Andenken, Lineale, Federkästen geschnitzt zum Verkauf an Besucher, geschnitzt von kriegsgefangenen Franzosen, und laut ruft es von allen Seiten: seid schneller, steigt höher, schaut weiter!, sie kommen

mit Autos und Omnibussen und Schiffen ins Fischerdorf, an die Anlegestelle im Seehafen Ribbeck, aus dem Luch wird wieder ein See, ein Ozean, Kreuzfahrtdampfer legen an und Hunderte Passagiere schlendern durchs Dorf, um den Birnbaum blühen zu sehen und Souvenirs mitzukaufen, ein Blick auf die schiefen Balken der dachlosen Scheunen, eine Runde im Kremser, ein Trinkgeld für die Kinder mit den Postkarten, und dann wieder rauf auf die Titanic und ran an die Bar,

so was hat Ribbeck noch nicht erlebt wie heute, ich dacht erst, die Welt bricht zusammen, so viele Leute

69

im Dorf, keiner rümpft die Nase über den Geruch der Silage, jeder spricht sein Prost! in jede Richtung, jetzt trollen sie sich wieder in die Dunkelheit, eingesammelt die Schirme, gehn wir, die letzten Biertropfen aus dem Zapfhahn, kein Nachschub mehr, keine neuen Fässer rollen mehr heran, weiß leuchten die Bierbecher aus dem Gras,

und ich, wo bin ich, ich komm nicht los von meinem Ribbeck und komm nicht hoch heute, schwer was in der Glocke, ich komm schon nicht mehr mit, wie das Gehirn sich weitet und pumpt und aufsaugt, was es nie gewußt hat und in der nächsten Sekunde, mit dem Schrei eines Kranichs, wieder abstößt, zu schnell gehn die Gedanken ins Sprechen über, und ich spreche, wie ich nie gesprochen hab, kumm man röwer, ick hebb ne Birn, es war einmal, wer flüstert da,

wir können zusehn, wie wir unterm Gelächter der Bonzen, die uns reingeritten haben in die Scheiße, uns entlassen, zerstreiten, zerfleischen, wie Genossenschaftsmitglieder Genossenschaftsmitglieder in die Armut schicken, wer schmeißt wen raus, wohin mit den Säufern, wer schlägt wem den Kopf ab, eins zwei, eins zwei wird abgezählt nach welchen krummen Regeln, denn jeder zweite muß weg und wer bleibt muß noch mehr ran als früher und ganz früher, als der Deibel los war, wenn der Inspektor plötzlich mit seinem Gaul am Feldrand stand, ein schimpfendes Gespenst, die Peitsche kontrolliert in der Hand,

plötzlich wird wieder wichtig, was einem gehört, und nicht, wie einer in die Hände spuckt, schon darfst du den nicht mehr anmeckern, der ein paar magere Hektar hat, schon mußt du die Mütze ziehen vor dem, dem du Pacht zahlst, wiste ne Beer, wiste ne Beer, ich will mehr als die Birnen, verdammt,

und mit vereinter Kraft alles verkleinern, ein neuer Kampf Tier gegen Pflanze, die einen mit Schulden, die andern mit Gewinn, und gleichzeitig soll alles halb so billig werden, das drückt mehr als das Soll vor vierzig Jahren, weg mit den Büroleuten und Genossen, der ganze Wasserkopf, weg mit Maurern und Schlossern und Köchen und Kindergärtnerinnen und allen, und wer nimmt welche Maschinen wohin, alle sind bereit, mehr zu schaffen, wenn sie wissen, sie haben was davon,

wenn es welche gibt, die lieber fünfundsechzig Stunden als fünfundvierzig Stunden in der Woche arbeiten auf ihren paar Hektar, falls sie noch was wissen von Fruchtfolge und bestem Saatgut, und gegen oder mit der Genossenschaft aufblühen lassen den Boden, die Umwelt, das Dorf und die Landschaft und den Holländern zeigen, was eine Harke ist, höchste Zeit, daß alles mal schwankt und kippt, irgendwann kippt der stärkste Birnbaum, saure Kodden lieferte er noch, eßbar nach dem ersten Frost, dann ein Sturm im Februar 1911, und das Denkmal für den alten Kinderfreund lag flach und alle staunten, wie faul der Stamm von innen war und nur noch von dicken Efeuästen zusammengehalten, was haben sie da gejammert, aus der ganzen Mark sind die Leute gekommen, haben Gedichte verfaßt auf das Ende vom Birnbaum, das Ende von Ribbeck, als sei es das Ende der Welt, und die Triebe aus der Wurzel gingen auch ein danach,

trotzdem sitzen wir hier beim Birnbaumfest neunundsiebzig Jahre später, ohne Bier, jetzt, wo der Durst am größten ist, fast alle gegangen, tanken daheim noch flackernde Bilder aus den Fernsehgeräten kurz vor dem Schlafen, komm man rüber, du da, siehst ja aus wie der alte Ribbeck, auferstanden aus Ruinen, ich bin ja schon still, verrat ich keinem,

ja, ich versteh, ihr müßt die Bänke zusammenklappen und einpacken, schönen Dank noch mal, so eine gute Erbsensuppe hab ich in meinem Leben noch nicht, und kommt wieder, komm du noch mit rüber in die Kneipe, alter Ribbeck,

jetzt kannst du zugeben, daß du eine Erfindung bist, denn wenn an der Sage was stimmt, dann war es ein Ribbecker Bauer, der gern Birnen aß und nach dessen Tod eine Birne in der Jacke blieb, so wuchs der Baum und so weiter, jetzt kommt es raus, alles kommt raus nach und nach, das habt ihr gut hingekriegt, darauf müssen wir noch einen trinken, zier dich nicht, kleine Lügen verzeih ich gern, da sind wir nicht kleinlich, jetzt lad ich dich mal ein, alter Ribbeck, wir feiern deine Auferstehung,

geschlossen, Verzeihung, immer geschlossen, wenn du sie brauchst, jeder Kunde ein Störenfried, da drin steht nämlich noch was von Fontane, muß ich dir zeigen beim nächsten Mal, geschnörkelt wie ein Bibelspruch: Alles Alte, soweit es Anspruch darauf hat, sollten wir lieben, aber das Neue recht eigentlich leben, das steht da, ungelogen, den Satz liest du nur, wenn du nüchtern reingehst, wenn du wieder rausläufst, peilst du nur die Tür an und die Stufen, die Faust aufs Auge der Spruch, erklär mir mal, was heißt recht, was eigentlich, oder hab ich die falsche Angst vor dem Neuen, vor dem Faustrecht des Marktes, oder seh ich Gespenster, Alter, was hast du da, gestopft in den Taschen,

oder gehen die Kredite nicht in die Maschinen, die Personal sparen, arbeitslos ein oder zwei oder vier Millionen, oder tragen wir nicht die Kosten und dürfen uns außerdem angleichen, anpassen und unterwerfen und legen uns hin wie der Hund sich auf den Rücken legt, heben die Pfoten und sagen lachend: Geld regiert die Welt, während der Minister schon neue Waffen bestellt, falls wir unruhig werden ohne Arbeit in den verscherbelten Städten und auf dem weggerissenen Land, der Preis der Einheit Streit und Kampf und Zank, und die letzte Hoffnung Schlechterkannesnichtkommen, wenn es aber schlechter kommt,

warum wunderst du dich, daß ich so rede, natürlich bin ich ein Optimist, ich sag doch, ein Bauer, der nicht stöhnt, ist ein schlechter Bauer, und der Zukunft zugewandt und Recht und Freiheit, wenn du das ernst nimmst,

gut oder schlecht, ich will ein Leben, in dem sich leben läßt, will das Brummen nicht mehr hören, das aus der Luft näherstößt, über den Dächern und Wipfeln die Flugzeuge, die überm Dorf eben mal aus Versehen Insektengift ablassen, daß dir im Sommer die Lunge brennt und die Kirschbäume braun werden, gut oder schlecht, darauf hab ich lang genug gewartet, daß die einfachen Dinge funktionieren und du nicht betteln mußt für jeden Dreck, und reden, wie dir der Schnabel gegen jeden ohne Nachteile wieder,

nach der Maisernte trennen wir uns, sagt der Vorsitzende, und ich geh betrügerisch um Arbeit und sag mir: Hauptsache, die Verbrecher sind weg, aber sind noch nicht weg, nicht alle, die Stasileute, die Briefe über Wasserdampf hielten und eingeschlossene Sätze sammelten und Vertrauen ruinierten und alles, sind noch nicht von ihrem Amtseid entlassen, bis zum Einsatz ihres Lebens dich zu vernichten, waschen sich weiß oder sitzen im Arbeitsamt und kennen dich von früher: was, du willst Arbeit haben,

da stehen wir auf dem Acker, und der Vorsitzende zeigt einen Brief vom jüngsten Ribbeck, dem Enkel, der pocht aufs Grundbuch, den besten Boden, die Ställe, den Wald will er und den Fleck, auf dem ich hier hocke, die Bodenreform zum Arschabwischen, wenn das so weitergeht, passiert eines Tages wieder was, halt deinen Mund und führ deine Arbeit aus, hat der Parteisekretär im gleichen Ton gesagt wie Ribbecks Inspektor, jetzt bin ich gespannt, wann der neue Landrat den gleichen Spruch macht, was soll aus dem Arbeiter werden, wieder in den Wald bestellt die Hasen zum Chef hin treiben oder auf die Herren mit den Golfschlägern warten,

eigentlich müßten wir anfangen sofort, aber niemand weiß, wie man sich entscheiden soll, nur viel schneller muß es gehen, denn es geht schon viel zu schnell, schneller als die Ribbeckschen Pferde auf der Kölner Reitbahn früher, niemand hilft übers Gestrüpp der Ratschläge, ihr könnt einen Anfang machen und uns die Schafe abnehmen, die nichts wert sind nach euern lausigen Preisen, wird das Dorf platt unter den Bulldozern, wenn die brüllenden Kühe versenkt sind in die Gefriertruhen und die Roggenfelder abgebrannt oder alles verfault am Halm, oder wird Ribbeck auftauchen wie neu, sag, alter Ribbeck, welche freundliche List hast du diesmal, wenn du abgehst,

kein Bier mehr, ein letztes, es wird kühl in Hawaii, laßt uns feiern, als wär es das letzte Mal,

das Wasser am Hals, die Milch im Gully, ich sag ja, das Luch wird wieder ein See, also nehmt uns mit auf den Kahn, mit in die Omnibusse nach Berlin, ihr sprecht doch von einem Boot, und wir schaffen es nicht so schnell, in eure Boote zu steigen, in eure Haut zu schlüpfen, ihr nicht in unsere, wir liefern die Birnen und ihr fickt die Birnen, Verzeihung, ich will nicht mehr so schweinische Wörter sagen wie «ihr» oder «wir», da sind wir uns einig, in Ordnung, trotzdem bleiben da bestimmte Leute die Sonnenmenschen, auch in der Dunkelheit erkennbar an Umarmungen und Abschieden und Türenschlagen und Motoranlassen,

rund um die Metallic-Karossen wird sich mehr ändern als euch lieb ist, rund um die sauber geordnete Komfortwohnung, um die gepanzerten Vorgärten, das Gemütliche der Trennung aufzugeben macht euch jetzt schon zu schaffen, das Dorf Berlin kann nun nicht mehr schöner werden, die armen Vettern werden es anstecken mit Häßlichkeit und Gestank und ungewaschenen offenen Händen in den Fußgängerzonen,

gern hätt ich länger mit euch gefeiert oder dir, im Schatten eurer Größe, als hättet ihr oder du mit uns oder mir den zweiten Weltkrieg zum zweiten Mal gewonnen, mein kleines Leben plötzlich wachsend und mit stumperten Flügeln, als wären alle Kriege schon vorbei und alle Mauern gefallen und das Fremdwort Demokratie durchbuchstabiert,

du, Alter, und ich, die letzten Gäste, laut flüstert es unter den Bäumen, ach, sie kannten den alten Ribbeck schlecht, der wußte genau, was damals er tat, damals, aber jetzt, sag doch was, jetzt,

ach, zu blau sind wir, geblendet und zurückgeworfen von den aufstrahlenden Scheinwerfern, bleiben hocken im Gras, zu fest die Wurzeln in Ribbeck, allemal so fest wie die Wurzeln eines jungen Herrn, der sich Von schreibt und als Erbe aufspielt und nach Gerechtigkeit schreit, wenn er die Kranken vorm Pflegeheim herumtappen sieht, das früher das Schloß war,

noch nie so einen angeballert wie heute, ihr werdet mich schon irgendwie aufheben, wer Schnaps bringt, wird uns auch durchfüttern, was kümmert mich der ganze Trümmerhaufen, die Autotüren, was für Schläge, und doch hast du keine Ahnung, was für Freude ich hab an solchen Schlägen und Lärm

an der Straße, die wieder zur Fernstraße wird, Hamburg – Berlin, wo die Plünderer gezogen sind und die Soldaten, im entlegensten Winkel des Dorfes Beute zu finden, in immer schnellerem Wechsel heran und wieder ab, nun rollen auf dieser Straße Geschenke heran, geht alles wieder von vorn, mit anderen Vorzeichen, drunter und drüber, das Neue recht eigentlich leben,

heimwärts auf der Heerstraße, wo die alte Ordnung sich auflöst in immer höherer Geschwindigkeit,

ich seh dich nicht mehr, alter Ribbeck, die Bänke sind fort und die Schirme, hab eingeredet auf dich, und du längst im Bus oder Auto oder unter der Erde, dich erholen von all den verstümmelten Sätzen, ich denke, du hörst mir zu,

der Platz rund um den jungen Birnbaum verlassen, von den Ställen oben schrien die Kühe, alles wartete auf die goldene Herbsteszeit, es roch wieder wie immer nach Gärfutter und nicht mehr nach Bratwurst, hinter den Fenstern verlosch das Fernsehlicht, still wurde es rund um die Leninstraße, die bald benannt wird nach dem, dem das ganze Fest und alles zu verdanken ist, Fontane, ja, das Neue recht eigentlich leben, damit die Fremden den Weg schneller finden zu den Birnbäumen, mit denen Ribbeck wuchern wird und springen in die Wünsche von frommer Herrschaft, freundlichen Kunden und fruchtbaren Zitaten: so spendet Segen noch immer,

und einer kämpfte, als alle andern abgerückt, weggetorkelt oder fortgeschlichen waren in die verschiedenen Lichtungen der Nacht, aus dem Gras sich hoch, mühsam aufrecht, und lallte im Takt seiner wackligen Schritte:

noch immer, die Hand, noch immer, die Finger, noch immer, fing alles, noch immer, fängt an, im Land, im Land, im Havelland.